T0244851

APRENDE A CUIDAR DE TU NIÑO INTERIOR

JORDI GIL MARTÍN

APRENDE A CUIDAR DE TU NIÑO INTERIOR

Cómo cicatrizar las heridas de la infancia para alcanzar una vida adulta plena

Prólogo de Francesc Miralles

Diana

Obra editada en colaboración con Editorial Planeta – España

© 2023, Jordi Gil Martín
© Prólogo: Francesc Miralles
«Gente en la playa» © Herederos de Joan Margarit, 2021 Publicado originalmente
en catalán en la obra *Es perd el senyal*, Edicions Proa, 2012

© 2023, Editorial Planeta, S. A., - Barcelona, España
Maquetación: Realización Planeta

Derechos reservados

© 2023, Editorial Planeta Mexicana, S.A. de C.V.
Bajo el sello editorial DIANA M.R.
Avenida Presidente Masarik núm. 111,
Piso 2, Polanco V Sección, Miguel Hidalgo
C.P. 11560, Ciudad de México
www.planetadelibros.com.mx

Primera edición impresa en España: enero de 2023
ISBN: 978-84-1119-059-6

Primera edición en formato epub: agosto de 2023
ISBN: 978-607-39-0504-6

Primera edición impresa en México: agosto de 2023
ISBN: 978-607-39-0483-4

Nota: Este libro debe interpretarse como un volumen de referencia. La información
que contiene está pensada para ayudarte a tomar decisiones adecuadas respecto a tu
salud y bienestar. Ahora bien, si sospechas que tienes algún problema médico o de
otra índole, el autor y la editorial te recomiendan que consultes a un profesional.

No se permite la reproducción total o parcial de este libro ni su incorporación a un
sistema informático, ni su transmisión en cualquier forma o por cualquier medio,
sea este electrónico, mecánico, por fotocopia, por grabación u otros métodos, sin
el permiso previo y por escrito de los titulares del *copyright*.

La infracción de los derechos mencionados puede ser constitutiva de delito contra
la propiedad intelectual (Arts. 229 y siguientes de la Ley Federal de Derechos de
Autor y Arts. 424 y siguientes del Código Penal).

Si necesita fotocopiar o escanear algún fragmento de esta obra diríjase al
CeMPro (Centro Mexicano de Protección y Fomento de los Derechos de Autor,
http://www.cempro.org.mx).

Impreso en los talleres de Litográfica Ingramex, S.A. de C.V.
Centeno núm. 162-1, colonia Granjas Esmeralda, Ciudad de México
Impreso en México – *Printed in Mexico*

Para Aleix y Marta. Todo es mejor con ustedes.
Mi gratitud siempre a Magda y Marcelo, y a los que me ayudaron
en el camino ofreciendo su luz.
A Francesc, Dani y María por creer que este libro era posible y por
acompañarlo. Mi niño herido les da las gracias.

La cueva a la que te da miedo entrar contiene el tesoro que buscas.

JOSEPH CAMPBELL

ÍNDICE

PRÓLOGO

El niño es el padre del hombre

Hay una cita que a veces se atribuye a Freud, pero que en realidad pertenece a William Wordsworth: «El niño es el padre del hombre». ¿Qué quiso decir el poeta romántico inglés con este verso de su poema *The Rainbow*?

Para saberlo con precisión habría que retroceder dos siglos y preguntárselo al autor, pero seguramente se refería a que aquello que vivimos y sentimos de niños acaba conformando el adulto que devenimos. Y eso incluye los traumas.

De hecho, siempre he creído que el niño que fuimos viaja dentro de nosotros en todas las edades de la vida. Otra cosa es que tengamos conciencia de que este «polizón» va en nuestra nave e influye en nuestras decisiones, así como en la manera en la que abordamos y sentimos las experiencias.

Para hacerlo fácil, puedo ponerme a mí mismo como ejemplo.

Quienes han leído mi biografía, *Los lobos cambian el río*, saben que tuve una relación con mi padre muy distante. Era un hombre sabio y bondadoso, pero con una timidez tan acusada que ni siquiera se comunicaba con sus propios hijos. Yo esto lo percibía como falta de amor o rechazo, y llevé esa herida hasta bien entrada la edad adulta.

Muchos apegos y hábitos que me perjudicaban eran consecuencia de ese trauma del que no tenía plena conciencia. Deseaba agradar y ayudar a todo el mundo, hacerme imprescindible, y desplegaba una generosidad tan exagerada que, por mucho dinero que ingresara, siempre estaba endeudado.

Platicando sobre mi adicción a complacer, el psicólogo Antoni Bolinches me dijo: «A quien le falta el amor de niño, de adulto lo intenta comprar poniéndose al servicio de los demás».

Esa visión fue reveladora, porque puso de relieve cómo mi niño interior herido seguía condicionando mi vida adulta. Ese fue el primer paso para liberarme de una inercia que, además de llevarme a la ruina, generaba relaciones de desigualdad que a menudo acababan siendo tóxicas.

Puedo dar fe del sufrimiento que provoca no haber comprendido y sanado al niño interior, motivo por el que valoro sobremanera el manual que el terapeuta Jordi Gil ahora pone en nuestras manos.

Hace años que asistí al nacimiento de *Aprende a cuidar de tu niño interior*, un libro que el autor ha ido completando y perfeccionando a lo largo de media década. Un trabajo exhaustivo que ha dado como fruto una obra muy clara y práctica, al alcance de cualquier lector, para sanar esa parte tan vulnerable como poderosa de nuestra personalidad.

¿Qué beneficios obtendremos de este libro?

El psiquiatra canadiense Éric Berne, creador del análisis transaccional que se menciona un par de veces en este manual, afirmaba que nuestro niño interior está centrado en los impulsos inmediatos y en la consecución de deseos. Sus carencias y necesidades marcan el guion de nuestra vida adulta, por lo que conocerlo y cuidarlo nos permitirá cambiar el argumento de nuestra vida.

Doy gracias a su autor por brindarnos esta importante herramienta en forma de libro.

FRANCESC MIRALLES

Una misión vital

Tal vez te preguntes por qué escribí este libro. En mi trabajo como terapeuta, veo muy a menudo las secuelas de heridas infantiles que condicionan la felicidad de los adultos. Mi propia infancia marcó mi vida durante años y solo a través de la toma de conciencia y del apoyo de distintos aliados he podido transformar mi dolor infantil en una riqueza personal que me permite disfrutar de la vida, además de ayudar a mis clientes.

Esta transformación es la que quiero transmitir a los lectores de este libro.

Para ello vamos a trabajar, entre otros temas, cómo sanar, proteger, cobijar y cuidar a nuestro niño interior. Reconectar con la magia infantil antes de la herida. Conquistar un lugar de fortaleza interna más allá de nuestros padres originales; recuperar nuestra libertad más allá del pasado infantil. Hacer de la crianza un trabajo de conciencia, lo cual implica un trabajo de los padres con su niño interior para no transmitir sus secuelas traumáticas a sus hijos.

La propuesta fundamental es dejar de ser niños heridos adultos para vivir nuestra existencia con plenitud.

Toda vida puede ser experimentada como un camino del héroe.

En la aventura existencial de toda persona, los obstáculos que se nos presentan deben ser transformados para que nos fortalezcan. Se trata de dotar de sentido las dificultades y los conflictos para nuestro crecimiento.

Este debería ser nuestro compromiso con la propia vida y con nuestro niño interior para que su sufrimiento no haya sido en vano.

Todo trauma, que en griego significa «herida», tiene un doble potencial: puede ser creativo si encontramos su riqueza y lo transformamos, o puede resultar crónicamente dañino si nos quedamos fijados y condicionados por él.

El resultado dependerá de la voluntad y la motivación de cada persona en su sanación y de nuestra capacidad para reconocer y sentir lo que nos dolió y de otorgar un sentido nutritivo a los obstáculos, golpes, piedras y dificultades de nuestro camino vital traumático.

En este sentido, nuestros traumas pueden ser nuestros tesoros, como decía Joseph Campbell, mitólogo, escritor y profesor estadounidense.

Esta labor requiere un trabajo de conciencia y un esfuerzo de atención. El presente libro te ofrece las herramientas necesarias para conectar con tu niño maravilloso, para transformar tus heridas en riquezas y acceder así a una vida adulta plena.

Además de explicar los conceptos clave, reúne una serie de ejercicios que facilitan no solo el reencuentro con uno mismo, sino también la sanación de las propias heridas.

La aventura más importante de tu existencia

Sanar y soltar tu pasado es una vía para conquistar tu presente y tu futuro, como la vida del soldado Ryan de la película de Spielberg, que adquiere un nuevo sentido tras su epopeya.

Cuidar a nuestro niño interior equivale a acoger nuestro yo infantil, a escucharlo para conquistar definitivamente de este modo una vida plena.

Al sanar nuestras heridas infantiles desde nuestro yo adulto nos liberamos de los traumas que lastran o condicionan nuestro presente. Las vivencias traumáticas que no han sido elaboradas distorsionan nuestra vida actual. En cambio, si sanamos nuestras heridas, estas se transforman en riquezas y recursos.

Volviendo a la película *Rescatando al soldado Ryan*, una pregunta legítima que surge es: ¿por qué sacrificar a un grupo de ocho soldados por uno solo? Recurriendo a la analogía, tiene sentido preguntarse: ¿por qué volver a conectar con nuestra guerra infantil una vez que hemos conquistado una madurez más o menos digna?

La respuesta es clara: porque las antiguas heridas no sanadas siguen doliendo, de un modo obvio o sutil, y contaminan nuestra vida de adulto; por eso es necesario que volvamos al pasado para sanarlo y soltarlo definitivamente y conseguir así que deje de teñir nuestras relaciones y nuestra forma de ver, ser, hacer y estar en el mundo.

Esta sanación, que es la misión de este libro, nos posibilitará vivir plenamente nuestra vida.

Y señalo otra analogía con la película: la misión de rescate en el enjambre nazi se correspondería con la misión de búsqueda de nuestro niño perdido y la de sacarlo de allí para siempre. Como afirma el capitán John Miller en la película: «Todos tenemos una misión que cumplir y eso está por encima de todo, incluso por delante de nuestras madres». Así como el soldado Ryan se acaba salvando, tú puedes y debes llevar a cabo esta meta vital.

Nuestra misión como adultos es, pues, ir al rescate de nuestro niño y no dejarlo perdido o abandonado. Dentro de este proceso de maduración, es nuestro adulto, y no nuestros padres, quien debe acoger a nuestro niño interior. Los padres tuvieron ya su vida y su oportunidad. Ahora el adulto se juega su vida, que no es poco. Eso implica reconectar con él y traerlo de nuevo a casa para que juntos (niño y adulto) puedan dejar los traumas atrás y disfrutar de la mejor vida posible.

Entre otros beneficios fundamentales que nos aporta esta tarea, podemos proclamar que nuestro niño fue un campeón y que nuestro adulto lo rescata y lo defiende sin esperar que nadie —por ejemplo, una pareja— lo haga reconectar con nuestro pequeño maravilloso, el que existía antes de ser herido.

Nos enraizamos definitivamente en nuestra vida afirmándonos como personas adultas, como capitanes y responsables de nuestro destino. Nuestro niño interior nos está esperando para poder levantar las manos en señal de victoria.

Al margen de cómo se desarrollaron nuestras primeras batallas, la cuestión es que estamos aquí «peleando» por una vida plena y feliz.

Al lograrlo, integraremos nuestro pasado para ser la mejor versión de nosotros mismos. Además, si como adultos hemos sanado nuestras heridas, facilitaremos la vida a un futuro hijo o hija.

Cuidar o sanar al niño interior es afirmar la vida, vivir «con» y no «a pesar de» nuestro pasado, VIVIR en mayúsculas con lo mejor del niño y del adulto.

Como decía el poeta sufí Rumi: «La herida es el lugar por donde entra la luz». Esta luz significa atender la herida desde la ternura, la responsabilidad y la honestidad para lograr la transformación.

Las heridas son tesoros que te están esperando. Te invito a encontrarlos.

CARTA A MIS REYES MAGOS

Sé lo que de verdad quiero que me traigan los Reyes: quiero volver a la infancia. Nadie me va a dar eso.

Sé que no tiene sentido, pero, de todas formas, ¿desde cuándo tiene sentido pedir cosas a los Reyes Magos?

Se trata de un niño de hace mucho tiempo y muy lejano y se trata del niño de ahora. En ti y en mí. Esperando tras la puerta de nuestros corazones a que algo maravilloso ocurra.

Sanar nuestras heridas del pasado es el mejor obsequio para tu adulto, para tu niño y para tu vida.

¡Buen viaje!

ROBERT FULGHUM

La actuación del guía

Eres una maravilla

Cada segundo que vivimos es un momento nuevo y único del universo, un momento que jamás volverá... ¿Y qué es lo que enseñamos a nuestros hijos? Pues les enseñamos que dos y dos son cuatro, que París es la capital de Francia.

¿Cuándo les enseñaremos, además, lo que son? A cada uno de ellos deberíamos decirle: ¿sabes lo que eres? Eres una maravilla. Eres único. Nunca antes ha habido ningún otro niño como tú. Con tus piernas, con tus brazos, con la habilidad de tus dedos, con tu manera de moverte.

Quizá llegues a ser un Shakespeare, un Miguel Ángel, un Beethoven. Tienes todas las capacidades. Sí, eres una maravilla. Y cuando crezcas, ¿serás capaz de hacer daño a otro que sea, como tú, una maravilla?

Debes trabajar —como todos debemos trabajar— para hacer el mundo digno de sus hijos.

Pau Casals

Esta primera parte trata de lo que ha sucedido para que nuestra luz personal se deforme, se atenúe o se oscurezca, y ofrece la guía para que el niño avance por el mejor camino. Sí, puesto que al nacer somos una maravilla, una bella oportunidad, un material humano que puede transformarse en múltiples formas. Sin embargo, en este desarrollo suelen aparecer las heridas.

Es conveniente que al inicio los padres sepan cumplir de modo saludable la función de *sherpas* y, más adelante, si eso no ha sucedido, es el adulto el que debe reconocerse a sí mismo como un nuevo guía de su niño interior. Esta labor es universal, ya que todos fuimos heridos, en menor o mayor medida.

Así pues, las heridas infantiles condicionan al futuro adulto. Y ese adulto (en el que se convirtió el niño) tiene la misión y la responsabilidad de sanar a su niño o niña interior. A continuación se exponen las claves sobre esto.

> Muchas dificultades adultas provienen de los traumas vividos en la vida infantil. Algunas son obvias, siempre busco parejas difíciles, y otras sutiles, nunca estoy tranquilo en situaciones grupales.

EMPECEMOS POR EL PRINCIPIO: LA TIERNA INFANCIA

Nacemos dependientes. Somos una maravilla dependiente no por propia voluntad, sino por pura necesidad. Dado que nuestro organismo necesita de un proceso de maduración, al principio nuestra vida está condicionada por la capacidad —mayor o menor— de atención y ayuda que nos proporcionen los adultos durante nuestro desarrollo inicial. Ambos protagonistas, niño y adulto cuidador, deben reconocer sus necesidades para que el camino compartido sea el mejor en cada caso, con la responsabilidad del adulto de atender las del pequeño, ya que este aún no dispone de suficientes recursos para autoasistirse.

Al salir del útero fisiológico, llegamos a un mundo que nos resulta desconocido y necesitamos de un segundo útero: el psicológico, que debe funcionar como un cuidador que facilite nuestro desarrollo mental, emocional, corporal y relacional. Necesitamos el acompañamiento de un adulto lo suficientemente bueno para que habilite y potencie nuestras facultades.

Mientras que los seres humanos nacemos inacabados y necesitamos completarnos a través de otra persona, los seres de otras especies tienen una dotación genética tal que pueden desarrollarse inmediatamente en su medio. Y mientras que nuestros hijos ni siquiera pueden sostener su propia cabeza, las crías de jirafa, por ejemplo, son capaces de levantarse, caminar alrededor de su madre e incluso huir de un posible depredador tan solo unas pocas horas después de nacer.

Resumiendo, de bebés llegamos al mundo mucho más indefensos que otros seres vivos y necesitamos indiscutiblemente ser ayudados. Dicho metafóricamente, cuando llegamos a este mundo, se nos hace imprescindible la presencia de un *sherpa* o un guía que nos ayude a conquistar montañas. Idealmente, este guía no tendría que ser un niño herido adulto, sino un adulto capaz de escuchar, atender y cobijar nuestra angustia, además de la suya propia. Debería ser capaz de ayudarnos a familiarizarnos y a relacionarnos de una manera amable con lo angustioso de la vida. Todos hemos necesitado en su día que un adulto nos guiara y nos cuidara, de unos padres que nos recibieran a nuestra llegada.

En su mayoría, los padres aman a sus hijos y se comprometen con el recién nacido, aunque a veces pueda ocurrir que su ignorancia, su torpeza o, incluso, su falta de voluntad dificulte el desarrollo del potencial del niño. En menor medida, hay padres que no saben, no pueden o no quieren adquirir este compromiso. Lamentablemente, han existido, existen y seguirán existiendo muchos motivos de irresponsabilidad y modos de justificarla.

> La crianza es, entonces, una relación de ayuda, de menor o mayor calidad.

¿Qué condiciones requiere el entorno de los pequeños para un desarrollo sano? Una interacción sana con el ambiente facilita al niño su desarrollo. En ese entorno, los cuidadores deben aportarle nutrientes materiales y anímicos, como el calor afectivo, la comprensión, la confianza, el humor, la resiliencia y el optimismo, entre otros.

Somos mamíferos y dependemos de la manada. Desde que somos concebidos, para sobrevivir y desarrollarnos necesitamos ser alimentados y aprender múltiples capacidades básicas y complejas: el habla, habilidades psicomotrices, competencias emocionales y sociales. Necesitamos promotores de nuestro desarrollo.

Ante tamaño desafío, los adultos deben posicionarse en esta dependencia del menor y adoptar, en menor o mayor medida, el rol de acompañantes de un ser en desarrollo. Deben comprometerse y actuar realmente como cuidadores, con todo lo que esta palabra implica, preparados y disponibles para dotar al niño de estructuras cognitivas, corporales y emocionales de gran complejidad para afrontar lo fácil y lo difícil de la vida.

Todo ello es indispensable para que los niños adquieran un buen autoapoyo y se conviertan en adultos competentes, para reconocer, sostener y gestionar sus propias experiencias.

Este es el objetivo de una buena crianza.

¿Qué necesita saber, sentir y recibir el niño o la niña durante la infancia?

Importancia y amor, es decir, ser importantes para nuestros padres y ser queridos por ellos: «Soy especial para mis padres, me dedican tiempo y sus ojos brillan al verme».

Bondad y confianza, es decir, percibir que nuestros padres son buenos y confiables: «Puedo confiar en que seré atendido con amor por mi padre o mi madre».

Seguridad y cobijo, es decir, sentir la seguridad de que tenemos alguno o algunos progenitores implicados en nuestro cuidado: «Sé que hay un adulto que me cobijará y atenderá esté como esté, sienta lo que sienta, en lo fácil y en lo difícil, en el acierto y en el error».

Respeto y validación, es decir, sentir que nuestra experiencia es legítima y lo que sentimos es válido, digno y también legítimo y que, además, será validado por nuestros cuidadores: «Mis padres validan que esté enojado, sin juzgarme por no saber hacer o decir algo».

Dignidad y originalidad, es decir, sentir que nuestra dignidad de ser es incuestionable: «Me siento tratado como un individuo único que es respetado en su diferencia».

En suma, necesita de un adulto que cubra estas necesidades y que esté a la altura de la vulnerable humanidad que nace y debe desarrollarse.

En palabras de Sigmund Freud: «No puedo pensar en ninguna necesidad de la infancia tan fuerte como la necesidad de protección de un padre».

Somos seres relacionales

Aunque altamente dependiente, la especie humana es la más compleja de la escala evolutiva. La neurociencia ha demostrado que somos seres relacionales e influenciables y que estamos dotados de una gran plasticidad desde la vida fetal. En el vientre materno somos ya influenciables y, a partir del nacimiento, al salir al encuentro de un medio desconocido, nuestra sensibilidad aumenta. Esto significa que somos una especie de proceso abierto que se construye a sí mismo y que se desarrolla en las relaciones humanas, que nos formamos en las relaciones.

Retomando la metáfora del *sherpa*, tal como este guía al alpinista en la conquista de nuevas cimas, el adulto tiene la misión de conducir al niño en ese nuevo mundo lleno de cambios, sorpresas, progresos y retos. Igualmente, así como el guía puede mostrarnos la belleza de las montañas, también puede desorientarnos y mostrarnos únicamente el lado oscuro de la naturaleza. La calidad de la vida infantil depende en gran medida del guía inicial.

El niño construye el «quién soy» cuando interacciona con un adulto que le permite vivenciar lo que le sucede de un modo sostenible. Lev Vygotsky, eminente psicólogo del desarrollo, afirmaba que «la verdadera dirección del desarrollo del pensamiento no va de lo individual a lo social, sino de lo social a lo individual».

QUÉ MENSAJES TRANSMITE EL GUÍA AL NIÑO

El niño recibe constantemente informaciones sobre su forma de actuar y sobre cómo impacta su comportamiento en el mundo externo.

Cada interacción puede ser una fuente de múltiples y potenciales aprendizajes:

Mensaje	Aprendizaje
Pareces cansado; descansa un poco	Reconocimiento y autorregulación de la propia energía
Te falta fuerza	Identificación con una carencia personal
Lo has hecho bien	Reafirmación o refuerzo de una conducta
Has sido valiente	Reconocimiento del valor de una acción

Como afirma Bruce H. Lipton: «Aprendemos a vernos como nos ven, a valorarnos como nos valoran. Lo que escuchamos y vivimos nos forma. No vemos el mundo como es, vemos el mundo como somos. Somos víctimas de nuestras creencias, pero podemos cambiarlas».

El niño es un proceso abierto que, sobre la marcha y con base en todas las informaciones que recibe, elabora una idea acerca de sí mismo, de los demás y del mundo. De esta manera interactiva reconocemos las distintas experiencias: la interna (lo que nos sucede por dentro), la externa (cómo nuestro ser impacta en lo de fuera), y observamos cómo se relacionan ambas realidades.

Por consiguiente, es imprescindible que el adulto se dé cuenta del tipo de mensajes que dirige al ser «en construcción», que todavía no filtra la información que se le envía, y que de este modo irá estableciendo gradualmente una frontera entre lo interno y lo externo.

En las miradas de nuestros padres notábamos si éramos queridos o si éramos unos desgraciados. Los padres son una referencia para el niño. Son un espejo: el niño se ve en ellos para poder verse a sí mismo. Y, como apunta Virginia Satir: «Cada palabra, expresión facial, gestos o acción por parte de un padre le da al niño un cierto mensaje sobre su autoestima. Es triste que muchos padres no se den cuenta de los mensajes que están enviando».

En resumen, se necesita de dicho guía externo para construir un yo infantil que, en contacto con su experiencia, aprenda a cuidar de sí mismo y así reafirme su ser. De no ser así, el niño se desconecta de su experiencia y de sus inteligencias vitales, de su sabiduría innata para gestionar sus vivencias.

Por el contrario, transitar acompañado le permitirá ir adquiriendo la inteligencia holística, que incluye distintos tipos de inteligencia:

Inteligencia emocional. Es la habilidad de tener en cuenta las emociones básicas (alegría, tristeza, rabia, miedo y calma) en nuestras relaciones. Implica darse cuenta de cuál es nuestro fondo emocional, por qué emociones transitamos y cuáles vivimos en nuestras interacciones. Implica tomar conciencia de cómo nos relacionamos con nuestras emociones y con las del otro. Esta habilidad nos permite comprender qué necesitamos cuando vivenciamos dichas emociones.

Inteligencia cognitiva. Implica la gestión de nuestra producción mental, de todo aquello relacionado con nuestra capacidad cognitiva, que nos permite planificar, imaginar, prever, hipotetizar, memorizar, recordar, evocar, anticipar, comparar, visualizar, analizar, sintetizar, juzgar... Asimismo, nos permite prestar atención en tiempo presente a nuestro diálogo interno —es decir, a lo que nos decimos durante nuestras experiencias— y registrar su contenido («este texto me aburre», «estoy contento de haber comprado este libro» o «la semana se me está haciendo larga») para así pensar cómo podemos atendernos de un modo ecológico («cuando estoy muy reflexivo me hace bien salir a correr un rato»).

Inteligencia corporal. Es la capacidad de escuchar nuestro cuerpo y de reconocer lo que le sucede en la interacción con distintos estímulos internos (emociones, sensaciones, impulsos...) o externos (personas, espacios, situaciones...), así como la capacidad de usar nuestro organismo como una fuente de información para orientarnos cuando nos relacionamos con alguien («siento tensión estando con Antonia»), con nosotros mismos («me siento muy bien leyendo») o con el entorno («siento tristeza cuando llueve»). Tener en cuenta esta información corporal nos permitirá acompañarnos con amabilidad y atender mejor nuestras necesidades o deseos («cuando me tenso, respiro profundamente»).

Para poder adquirir de niño estas inteligencias, se requieren adultos que las estimulen, es el cuidador el responsable de la educación emocional, cognitiva y corporal del recién llegado.

Si estas tres capacidades están bien desarrolladas, el niño evoluciona hacia un adulto sano y capaz de apoyarse en su experiencia. Desde ahí, podrá gestionar lo fácil y lo difícil de la vida, sin pelearse con sus vivencias.

La vida es el tránsito de una alta dependencia a una autonomía sana.

Este proceso le permite acceder a una vida adulta en la que es necesario fusionar ambos aspectos en un equilibrio sano y encontrar una vía media, una independencia dependiente.

ASPECTOS QUE CONTEMPLAR EN ESTE PROCESO

Impulsar y recordar las cinco libertades existenciales del ser humano según Virginia Satir, y que reivindico. Deben ser cultivadas en los niños a lo largo de su etapa infantil, y son las siguientes:

- La libertad de ver y oír lo que hay, en lugar de esperar lo que debería ser, lo que era o lo que será.
- La libertad de decir lo que siento y pienso, en lugar de decir lo que pienso que debería decir.
- La libertad de sentir lo que siento, en lugar de sentir lo que creo que debería sentir.
- La libertad de pedir lo que quiero, en lugar de esperar el consentimiento ajeno.
- La libertad de correr mis propios riesgos en lugar de conformarme con la seguridad.

a. El niño debe ser atendido

Para caminar por el mundo, necesitamos puntos de apoyo externos que activen nuestros puntos de apoyo internos o los recursos que ya tenemos desde que nacemos. Durante la relación de crianza, estos recursos pueden potenciarse, pero también se pueden atrofiar.

El niño puede vivir o no la bendición de ser acompañado. Junto al adulto, podrá aprender —o no— que sus necesidades son legítimas e importantes, que es bueno pedir y esperar, que es un ser humano indiscutiblemente valioso, digno y amoroso; podrá darse la libertad de ser quien es y de vivir lo que vive.

Recordemos que, en edades tempranas, el niño, en gran parte, vive y se identifica con lo que recibe del exterior: si es cobijado, vive la calma; si es rechazado, vive ser molesto. El adulto le proporciona experiencias que el niño interioriza como válidas, ya que aún no puede cuestionarlas o matizarlas: «Mi padre siempre me trató como un debilucho y yo me lo creí», manifestaba un paciente.

De pequeños no podemos filtrar lo que recibimos. Al nacer funcionamos mayormente de manera emocional, por eso un grito nos produce una sensación de fragmentación interna, por eso a veces nos hemos desconectado para reducir impactos emocionales. En la niñez todo nos resulta más intenso que cuando somos adultos. Esta desproporción requiere que la persona adulta cuidadora sea tierna, presente y firme.

Si el niño es atendido, la vida le resulta como un espacio de aprendizaje, un campo de posibilidades y de disfrute; percibe la vida como un juego y una aventura, no como un lugar amenazante o un examen continuo. El universo es amigable, no hostil.

Así, se instaura en él una visión optimista, esperanzada, a la vez que está preparado para reconocer los peligros.

Sabrá que existen leyes de convivencia, aprenderá que hay cosas que pueden ser divertidas o contraproducentes, que a veces debe postergar o limitar sus deseos.

Es decir, el niño vive en la realidad y disfruta aprendiendo en el mundo: construye una identidad positiva, se siente bien consigo mismo, se sabe y siente digno, importante, querido, cuidado e incluso respetado en su dificultad o ignorancia.

En definitiva, si el niño está bien acompañado, podrá explorar el mundo con más facilidad, se podrá familiarizar en su vida cotidiana con lo agradable, con lo neutro y con lo desagradable. Aquí ejemplificamos cómo facilitar un puente entre el niño y su experiencia:

- Veo que ese niño no quiso jugar contigo... A veces estas cosas pasan. Si quieres, ven a jugar un rato con papá.
- Puede ser que tengas miedo; dame la mano. El miedo viene y se va.
- A veces nos aburrimos y todo nos da igual.
- Ya veo que estás enojado... Y tienes derecho a enojarte. Si quieres, hablamos un poco.
- Quizá te siente bien un abrazo para estar más tranquilo.

b. Que el niño viva su experiencia como válida

No debe considerarla incorrecta ni amenazante, y debe aprender con un adulto a manejarla de un modo cuidadoso y coherente con sus necesidades teniendo en cuenta a los demás y distintos contextos humanos.

Hay que facilitarle la relación con sus experiencias, para que no las tema ni las rechace. No aprendemos a gestionar nuestras vivencias si las evitamos, las invalidamos o nos desconectamos de ellas. Si se le ayuda a integrar y sostener sus vivencias, apoyándose en ellas y en sí mismo para manejarlas, aprenderá que puede experimentar multitud de vivencias y que es digno de sentir lo que siente. No elegimos nuestras experiencias, pero sí qué hacemos con ellas.

Vivimos lo que vivimos, sentimos lo que sentimos; esta es la base educativa para todo ser humano. El abecé que debimos haber recibido es que nuestra experiencia es legítima, no es ni buena ni mala, y que desde ella podemos gestionar acciones que son ecológicas o tóxicas tanto para nosotros mismos como para el contexto.

En la vida somos visitados por muchas experiencias, todas deben ser respetadas y vividas como legítimas, y dignas de ser.

c. Transmitirle las siguientes afirmaciones, de modo verbal o no verbal:

- Tú eres capaz.
- Eres digno de amor.
- Tú puedes sostener esta experiencia.
- No es malo estar triste. Ninguna emoción es mala.
- Confío en tu fuerza interior y en tu sabiduría interna.
- Tu experiencia es la que es y puedes llevarla a cabo de una forma sana.
- Posees una sabiduría interna para descubrir y desarrollar tus dones.
- Puedes convivir con tus limitaciones y desarrollar tus potencialidades.

EJERCICIO: Tú y tu niño interior

Busca una foto de cuando tenías un año aproximadamente.

Observa a ese niño o niña durante unos minutos y manifiéstale las anteriores afirmaciones, añade otros mensajes que te surjan espontáneamente.

Percibe tu reacción física y emocional mientras realizas este ejercicio.

d. Facilitar al niño el reconocimiento de lo que le sienta bien o mal

Como dice Marcelo Antoni, «en la vida se trata de construir un tubo digestivo que nos permita masticar, asimilar y metabolizar las experiencias por las que vamos transitando». Y ante nuestra experiencia, oscilamos entre dos posiciones existenciales: abrazar lo que vivimos o pelearnos con ello.

Para poder explorar, vivenciar y conocer el mundo en sus múltiples formas, el niño debe encontrar apoyo y orientación en su sólido e incondicional acompañante con, por ejemplo, este tipo de mensajes: ¿Qué te pasa? ¿Qué necesitas? ¿Te duele algo? Quizá estés triste. Enójate si lo necesitas...

El niño se dará cuenta entonces de su «poder ser», de su importancia y de su dignidad fundamentales y percibirá que posee un margen de maniobra en las distintas situaciones por las que va pasando, y esto lo empodera.

Otro ejemplo es decirle: «Quedarse ahí quieto sin hacer nada tanto rato parece que no te agrada. ¿Tú qué crees?». Mientras que una de las preguntas clave para ayudarlo a conectar con su experiencia interna es: «¿Estar así te hace sentir bien o mal?».

En suma: si no nos sentimos acompañados, nos sentimos como personas indignas, como si hubiera en nosotros algo impuro o inadecuado que justifica el hecho de no ser acompañados, como un castigo. Por consiguiente, si no hemos recibido apoyos externos durante la infancia, es posible que seamos esos adultos que manifiestan —o sienten de forma íntima— que vivir les implica un gran sobresfuerzo, al caminar solos hacíamos más esfuerzos, estábamos más tensos, y la tensión cansa. El adulto puede facilitar al niño una sensación de «bienser», sería como un estar bien con uno mismo al margen del malestar o el bienestar transitorios.

LA RELACIÓN COMO ESPACIO DE APRENDIZAJE

«A través de los otros llegamos a ser nosotros mismos», afirmaba Vygotsky, afirmaba que ya en el siglo pasado hablaba de la zona de desarrollo próximo, es decir, de la distancia entre el nivel de desarrollo del niño (aquello que es capaz de hacer por sí solo) y su nivel de desarrollo potencial (aquello que sería capaz de hacer con la ayuda de un adulto suficientemente capaz o, como mínimo, interesado en su desarrollo).

Este concepto clarifica la importancia del cuidador primario y de su función educadora para acortar o alargar esta distancia, para conquistar habilidades.

El cuidador primario interviene en el potencial del niño; le permite o le dificulta ser la mejor versión posible de sí mismo.

En el caso contrario, la no intervención, la indiferencia, el maltrato o el abandono físico o emocional atrofian los recursos potenciales del niño y este tiene que sobresforzarse para desarrollarse.

Las improntas iniciales modelan el temperamento y organizan el yo del niño y posterior adulto.

De hecho, Carl Gustav Jung afirma que la conciencia es individual mientras que la psique es social, ya que vivimos, somos y nos desarrollamos en las relaciones.

¿Qué pautas nos ofrece el cerebro en este sentido?

El cerebro se configura fundamentalmente durante los primeros años de vida. Como exponen los neurocientíficos William Greenough y Mary Beth Hatten, a los cinco años el cerebro alcanza el 80 % de su tamaño adulto y, por lo tanto, su plasticidad durante esta etapa exige que las potencialidades deban ser explotadas tempranamente.

Ambos coinciden en afirmar que existen unas ventanas cerebrales —que se abren entre las diecisiete semanas de gestación y los cinco años de vida— que son la clave para que los niños tengan una mayor o menor receptividad, y la calidad de la relación niño-adulto las abrirá o las cerrará. El adulto es un proveedor de experiencias que fertilizan o desnutren la tierra neurológica.

Por lo tanto, es esencial una estimulación adecuada desde la vida intrauterina y en los primeros años del ser humano.

> El niño se desarrolla mejor o peor según sea la riqueza o la pobreza emocional de los vínculos que lo acompañan.

¿De qué es fruto el *software* cerebral?

Según diferentes estudios genéticos, la interacción entre la herencia y las experiencias personales depende de que un gen se exprese o no en un individuo y cómo lo haga. Es decir, que el *software* cerebral es fruto de la interacción entre los genes y las experiencias que se vivan.

Por consiguiente, la interacción inicial entre la genética del niño y sus experiencias tempranas tiene un impacto decisivo en la arquitectura del cerebro y en la potencia de las capacidades que se prolongan en la edad adulta. Afectan o influyen directamente en las conexiones cerebrales. El contacto con el adulto —insisto— puede golpear o acariciar las estructuras cerebrales infantiles, propicia o acorta conexiones sinápticas, las crea o las destruye. Es decir, la relación adulto-niño puede propiciar un sistema nervioso sobreactivado o tranquilo, configura una sensación interna tensa o relajada, ya que el adulto está interaccionando con un organismo vulnerable, blando y en construcción. Un niño es un tejido orgánico blando que merece ser tratado de un modo cuidadoso.

Resumiendo, si el niño establece un buen contacto con sus cuidadores, sentirá placer y bienestar y, por lo tanto, en la vida adulta podrá experimentar un mayor disfrute del contacto con sus iguales. Existe una impronta genética y una impronta experiencial, ambas interactúan entre sí.

La manera como fue tratado nuestro niño influye claramente en nuestra autoestima y en el modo de relacionarnos con la propia experiencia, en primera persona, y en la que vivimos con los otros.

En consecuencia, una buena crianza da como consecuencia personas participativas que intervendrán positivamente en su medio debido a la relación armoniosa entre su mundo interno (sus necesidades, deseos, emociones, impulsos, sentimientos, pensamientos y tensiones) y su mundo externo (con los demás —con sus caracteres, prioridades, expectativas y demandas— y los diferentes espacios humanos y puntos de encuentro).

Tengamos en cuenta que de la capacidad para relacionar estos dos mundos depende la propia felicidad.

La vida es un proceso de aprendizaje y, como nuestro sistema nervioso sigue siendo plástico y modificable, podemos aprender a hacer las cosas de otra manera por medio de un trabajo de conciencia y una disciplina interna, con el objetivo de dirigir nuestra energía hacia la plenitud y hacia una relación amable con nosotros mismos. Se trata, entonces, de aprender, reaprender y desaprender actitudes automáticas o estrategias heredadas o construidas en el pasado. Sanar al niño herido es actualizar nuestro *software*. Un aporte claro del niño es romper los esquemas y las creencias de los padres, para que estos se actualicen, se trabajen temas nucleares y dejen de vivir con un *software* antiguo, que es fruto de la supervivencia antigua: «Me sentía atacado por mi hijo, hasta que un día me di cuenta de que siempre me he dejado atacar en las relaciones», me comentó un paciente.

Para ello, las vías del adulto son:

- Indagar qué dificultades vivimos en nuestra infancia y cuáles siguen estando presentes.
- Prestar atención y reconocer qué nos pasa con lo que nos pasa.
- Responsabilizarse de ser protagonistas de nuestra vida y decidir desde ella.
- Esforzarnos en cuidar nuestro ser.

EJERCICIO: La parte de mí que siempre me acompaña

Siéntate y colócate en una postura meditativa, apoyándote en tus isquiones y en las zonas de contacto con el suelo.

Respira, siente la diferencia entre el exterior y tu interioridad, y usa la respiración para sentir tu cuerpo y el contacto de la ropa con tu piel, percibe la silueta que dibuja tu cuerpo en esta postura, reconoce tu volumen, la línea que se conforma desde la cabeza a los pies y sitúate en tu eje corporal.

Inhala y exhala hasta percibir qué parte de ti te acompaña siempre, observa en qué zona del cuerpo la sientes; acompáñala con una mano y respira esta parte de ti que te ha acompañado toda la vida, ya sea en las alegrías o en las tristezas, en la dicha o en la desdicha, en lo fácil y en lo difícil, en la fortuna o en la adversidad.

Déjate llevar por la acción que te surja (puedes abrazarte, acunarte, etcétera) y reconoce cómo tu propio cuerpo te ayuda a conectar con esta parte.

Déjate sentir lo que has experimentado y lentamente recupera tu verticalidad.

DIME CÓMO FUE TU GUÍA Y TE DIRÉ CÓMO CAMINAS

El niño reacciona según la mirada del mundo que su guía le transmite: «Mi padre siempre me transmitió que las personas son egoístas y que la vida es dura», decía una paciente.

El cuidador le enseña al niño a cartografiar su mundo interno, a la vez que le hace de puente y perfila su mundo externo.

> Todos guardamos en nuestro organismo las memorias de nuestro desarrollo, aunque no nos demos cuenta: las células registran nuestras interacciones con el cuidador primario. Es decir, que lo antiguo afecta a lo actual a través del cuerpo (así sea que recibamos cuidado o descuido), que actúa de puente entre pasado y presente.

Como afirma Lipton, «las percepciones que nos formamos durante los primeros seis años, cuando el cerebro recibe la máxima información en un mínimo tiempo para entender el entorno, nos afectan el resto de la vida».

Por ejemplo: mi madre era muy invasiva y por eso tuve que trabajar mi confianza en los demás; me inculcaron tanta disciplina que ahora estoy aprendiendo a darme permisos.

La confianza básica en el mundo, en los demás y en uno mismo se construye en el apego a un adulto, que es el representante del mundo para el niño: tiene pleno derecho a recibirla.

Nuestra seguridad como adultos se construye cuando de niños nos han defendido y acompañado al pasar miedo, cuando hemos recibido calma y cobijo ante la angustia, cuando nos han permitido explorar el mundo desde una distancia que aportaba un equilibrio entre la protección y la libertad, cuando han confiado en nuestros recursos, cuando hemos sido amados tanto en los berrinches y los errores como en los aciertos.

En nuestro interior sabemos con toda claridad lo que merecíamos de pequeños y lo que nos han dado.

Somos hijos de los vínculos. Y el primario nos da una base afectiva desde la cual nos relacionamos con nuestra experiencia y con los otros.

> Todo niño necesita sentirse amado en cualquier tránsito emocional, aunque se le pongan límites o se le niegue algo. Y en este sentido, un guía «amable» (que lo ame en lo fácil y en lo difícil) es esencial.

EJERCICIO: La antesala

Imagínate en el interior de una sala blanca, a punto de entrar en la siguiente sala que representa la vida, es decir, justo en el momento antes de tu nacimiento.
Responde:

- ¿Qué sientes que te mereces? Por ejemplo: amor, cuidado, placer, unos padres cuidadores. Anótalo.
- ¿Qué sientes al reconocer lo que te mereces?
- ¿Lo tuviste o te faltó? ¿Y qué sientes al reconocer la presencia o la ausencia de esto que te merecías?

LA ÉTICA DEL CUIDADO

Todo ser humano, desde que nace, llega a esta vida con el derecho fundamental a ser cuidado, a ser lo que es, a la dignidad y al respeto. Y esto exige una posición ética del cuidador y del resto del entorno: familia, escuela, barrio.

Según Éric Berne, fundador del análisis transaccional, todos nacemos príncipes o princesas, pero a lo largo de nuestro crecimiento a veces vamos conformando una identidad dolorosa, un modo de sobrevivir más que de vivir; así, nos convertimos en sapos o ranas.

La neurociencia ha demostrado que un cuidado amoroso nutre y facilita la creación de múltiples redes simpáticas. Precisamente, el cerebro es especialmente sensible a una acogida amorosa; existen períodos precisos y preciosos para el desarrollo del neonato.

Los cuidadores facilitan o dificultan el tránsito por el camino de la vida y de forma esencial influyen en las primeras configuraciones neuronales y, por lo tanto, en el sistema nervioso, que regula y modula los pensamientos, las emociones, las sensaciones corporales y la capacidad cognitiva.

El cuidador es el responsable de ofrecer un contexto de calidad humana al recién llegado.

> Para una crianza de calidad necesitamos un retorno a la ética, a una ética del cuidado.

APRENDER A MIRAR

En la vida adulta, se trata de cuidarse a uno mismo, de cuidar al otro e, incluso, de cuidar el propio cuidado. Para ello es necesario reaprender a mirarnos y a mirar al otro; la mirada es una decisión.

Para desarrollar esta idea, me apego a las palabras del filósofo Josep María Esquirol: «Primero, hay que aprender a mirar, sin más, porque no hay nada más ofensivo que ni siquiera ver a los otros, relegarlos a la inexistencia. (Esa es la gran ofensa ética a lo real, inherente a la mirada a las imágenes y no a las cosas.) Después, hay que aprender a mirar con atención y respeto, cómo y dónde. Porque la mirada tiene muchos pliegues; a veces se trata de no acercarla demasiado o de saber, incluso, apartarla a tiempo.

»Es de vital importancia tener una claridad absoluta acerca de los derechos de una persona (los derechos de todo niño/a son también los derechos de todo adulto) y la crianza consiste en hacer personas que vivan y sientan estos derechos. El hecho de haberlos experimentado durante la etapa infantil facilita su conexión y transmisión en la etapa adulta».

Aquí transcribo un resumen de los derechos del niño según Eva Bach, maestra, formadora de formadores y escritora:

1. Derecho a ser considerado, tratado y educado como una persona que se siente respetada por lo que piensa y siente. Y a ser amado por lo que es.
2. Derecho a ser considerado emocionalmente capaz y a la confianza adulta en su bondad y potencial.
3. Derecho a que todas sus emociones sean escuchadas, legitimadas y atendidas.
4. Derecho a expresar lo que siente y derecho a no expresarlo, a recibir ayuda para aprender a expresarlo adecuadamente y a que sean respetados sus tiempos y su propio estilo emocional.

5. Derecho a reír y a llorar. A reír y llorar a la vez. A sentir emociones ambivalentes y contrapuestas. Y a llorar primero para reír o sonreír más plenamente después.

6. Derecho a recibir orientación, ayuda, referentes y recursos para identificar, transitar, regular, elaborar y dar sentido a las situaciones adversas desfavorables o ingratas que le toquen vivir y a las emociones que de ellas se deriven.

7. Derecho a la verdad, a conocer su origen y su legado emocional familiar: los hechos y las emociones significativas de sus padres, abuelos y antepasados.

8. Derecho a recibir una herencia emocional saneada de manos de su familia y su cultura, a ser protegido/a de las emociones tóxicas o nocivas del adulto/a y a ser tratado amorosamente, con ternura y dignidad.

9. Derecho a que su historia emocional familiar pueda ser dignificada y transformada, a experimentar emociones saludables en la relación con sus vínculos familiares y a ser contagiado de optimismo y alegría de vivir.

10. Derecho a ser consolado y rescatado de la adversidad con palabras balsámicas, relatos reparadores, caricias físicas y caricias del alma. Y derecho a recibir caricias para celebrar su vida y el tesoro que es.

EJERCICIO: La llegada

Busca una foto de cuando tenías entre dos y seis años en la que reconozcas tu semblante, en la que no salgan tus padres y que para ti sea significativa emocionalmente.

A continuación, siéntate en un lugar cómodo, coloca tu foto enfrente de ti, apoyada en un cojín, y di en voz alta las siguientes afirmaciones:

- Bienvenido al mundo.
- Estoy contento/a de que estés aquí.
- Me alegra que seas un/una niño/niña.
- Yo te acompañaré toda la vida.
- Yo te cuidaré.

- Puedes ser quien quieras ser, no te juzgaré por tu experiencia y te ayudaré a vivir con ella. Me comprometo a acompañarte en lo fácil y en lo difícil, en tus potencialidades y en tus limitaciones. Siempre podrás contar conmigo.
- Estoy preparado/a para cuidarte. Siempre me tendrás.

Añade un par de afirmaciones más que se te ocurran de forma espontánea.

Déjate tomar por la emoción o la sensación que vivencies y respira esto que vives.

Cuando lo desees, concluye este ejercicio como te surja, de un modo orgánico.

Ubica esta imagen en tu corazón y guarda la fotografía original en un lugar especial para ti.

CAPÍTULO

2

El niño herido condiciona al adulto

> Tocar al niño es tocar el punto más delicado y vital, donde
> todo puede decidirse y renovarse, donde todo está lleno
> de vida, donde se hallan encerrados los secretos del alma,
> por ahí se elabora la educación del hombre del mañana.
>
> MARIA MONTESSORI

Ya sabemos que nuestro desarrollo inicial depende de la relación primaria con nuestros padres y que el niño necesita como mínimo un adulto suficientemente consciente que lo ayude a desarrollar sus innatas capacidades.

Posiblemente, si hubo un adulto implicado desde que nacimos, nuestro desarrollo habrá sido suficientemente facilitado. Si nos configuramos en la relación niño-cuidador, de la calidad de este acompañamiento surgen adultos más o menos competentes.

Un progenitor suficientemente consciente es principalmente aquel que está atento a promover y brindar soporte a la actividad física, a la vida emocional, al desarrollo social, emocional, corporal e intelectual de su hijo desde su infancia hasta su edad adulta. Es el que pone atención a la experiencia del niño, y a la suya en la relación niño-adulto. Esta escucha atencional propicia un adulto presente y responsable, que acompaña al niño de un modo cercano.

El niño no necesita de un adulto perfecto, pero sí un adulto que haga lo que pueda con lo que sabe o deja de saber y que se preocupa y ocupa por encontrar maneras de promover la salud, la alegría y la vitalidad infantil; necesita un adulto comprometido.

NUESTRA CONDICIÓN VULNERABLE

Como humanos somos vulnerables, la condición humana es ser vulnerable.

Un niño nace con esa vulnerabilidad, y su vulnerabilidad es la más vulnerable. Nace expuesto al cuidado o maltrato de sus progenitores.

Los cuerpos son vulnerables, y el del niño, que está aún por hacer, lo es más. Sus protecciones y sus fronteras psicológicas todavía no están maduras, vive en la intemperie del desarrollo y necesita el cobijo adulto. Necesita desarrollarse para aprender a reconocer, sostener y gestionar su experiencia. Conoce el éxtasis de vivir fusionado con su experiencia y la angustia sin límite de ser desbordado por experiencias que siente mucho mayores que él. Necesita de una ética adulta que salga a su paso, compensando y atendiendo a su fragilidad.

Para que esta ética del cuidado pueda surgir de nosotros debemos aprender a escuchar la experiencia de los niños y la nuestra. La escucha atencional nos lleva al cuidado. Necesitamos adultos atentos. Es la escucha consciente la que nos lleva a la ética y nos conecta al amor. Sin escucha ni mirada hay sordera y ceguera emocional. Es como dejar a un niño solo y cerrado en el pasillo con las luces apagadas y no atender a sus llamadas legítimas de amor y cuidados. El amor y el cuidado son derechos del niño, no un mérito del adulto; el mérito es darlos y la negligencia es negarlos, aunque estemos agotados física y emocionalmente después de una dura jornada laboral.

Joan Margarit, en su poema «Gente en la playa»,* lo pone de manifiesto:

* Joan Margarit, *Se pierde la señal,* Colección Visor de Poesía, 2013.

La mujer ha aparcado.
Baja y, con lentitud, saca del coche una silla de ruedas.
Después, coge al muchacho,
lo sienta y le coloca bien los pies.
Se aparta algún cabello de la cara
y, sintiendo ondear su falda al viento,
va empujando la silla en dirección al mar.
Entra en la playa por el paso
de tablas de madera que, de pronto,
a unos metros del agua, se interrumpe.
Muy cerca, el socorrista mira al mar.
La mujer alza al chico:
lo coge por debajo de los brazos
y camina de espaldas hacia el agua,
mientras los pies inertes
dejan dos surcos en la arena.
Ha llegado muy cerca de las olas
y lo deja en el suelo para volver
atrás a por el parasol y la silla de ruedas.
Estos últimos metros.
Los malditos, crueles metros últimos.
Estos te romperán el corazón.
No hay amor en la arena, ni en el sol,
ni tampoco en las tablas, ni en los ojos del
socorrista, ni en el mar.
El amor son estos últimos metros. Su soledad.

La crianza es un arte complejo y ser padre es un trabajo de atención a la sensibilidad del niño. El niño llega al mundo muy expuesto y vive en la «intemperie», sin capas que protejan su vulnerable vulnerabilidad. Por lo tanto, lo podemos dejar en ella o resguardarlo construyéndole una casa, externa e interna, para que pueda aprender mínimamente el oficio de vivir y configurar una identidad sana, de modo que siendo mayor pueda construir y ampliar su futura casa.

La vulnerabilidad del niño no es solo psicológica, es corporal. En su cuerpo se plasma esa vulnerabilidad. La conciencia de su vulnerabilidad corpórea debe estar presente en nuestro quehacer adulto para evitar muchas heridas o contusiones emocionales. No insultamos, pisamos ni despreciamos las flores que están por crecer cuando somos capaces de respetar su frágil maravilla. Si ya como adultos nos cuesta vivir a pesar de toda nuestra experiencia, imagínate siendo un niño en pleno desarrollo de facultades.

Y si bien no hay fórmulas o normas que valgan para todos los momentos de crianza, la escucha atenta nos permitirá detectar en qué momentos es necesario poner ternura y en cuáles poner límites.

El cuidado depende en buena medida de la escucha. Debemos practicar la escucha en dos direcciones: la de nuestra propia angustia y la de la fragilidad del niño, así seremos capaces de evitar el daño hiriente que deja marcas en su desarrollo, y habrá que controlar que el desconocimiento o las angustias no dejen mella en un niño.

Lo hiriente no proviene solo del abandono, la indiferencia o la falta de apoyo, también proviene de no dejar que el niño aprenda a caer, de cumplir sus deseos de forma constante o de resolver sus problemas para evitar su frustración.

> Apoyar al niño y permitirle equivocarse es el mejor método de enseñanza. Cada situación es única, pero empleadas en los momentos adecuados estas dos prácticas —el apoyo y el no evitar su frustración— son necesarias.

Un ser vulnerable necesita caricias y también reconocer su fuerza.

Los niños sobreviven debido a que en su programación original también existe lo invulnerable, su fuerza original. Esto no justifica ningún maltrato, algunos niños caen por el camino: son los niños caídos.

La desproporción no atendida produce heridas

El niño necesita de un adulto para introducirse en un mundo que le es desconocido y que siente/percibe como enorme. Necesita de un guía que le facilite su relación con su mundo interno (su pensar, emocionar y sensacionar) y con el externo (los demás y el espacio).

Experimenta la desproporción entre su ser y el medio, y necesita a alguien que la atenúe y le ayude a vivirla de un modo sostenible.

La función del guía en este caso es facilitar la masticación, la digestión y la asimilación de distintas experiencias humanas, y ayudar al niño a sostener experiencias de distintos tamaños proporcionales a su edad física y psicológica. Es de sentido común que un niño de dos años no puede subirse al tren de la bruja, igual que sabemos que chillar o abusar de un niño es hiriente para su alma.

El guía puede ir a favor o en contra del desarrollo. Si esta guía no se da, o se da de un modo disfuncional, el niño es claramente herido: «Mi padre me pedía cosas que yo ni entendía, y encima se enojaba conmigo». Un niño responde según las vivencias que le ofrecen, vibra según la vibración del que lo acompaña, actúa como un diapasón. Los padres tensos tensan y los serenos serenan.

Este guía no solo lo acompaña, sino que también potencia sus recursos naturales. El niño nace con curiosidad, confianza, con juego, con alegría, busca el afecto... Las semillas naturales deben ser nutridas con agua y fertilizantes también naturales, amor, compañía, lealtad...

El niño necesita de un potenciador de sus recursos naturales, que no reprima su curiosidad, sino que la nutra, que no reprima sus intereses sexuales, sino que le ayude a explorar lo sexual de un modo saludable.

Si no aparece un yo auxiliar mínimamente nutricio que lo acompañe a introducirse en el mundo y en las relaciones desde sus recursos, entonces las repercusiones son claras e inmediatas, recibe unos daños que superan claramente sus recursos de autosanación infantiles. Son heridos. Estas heridas se viven en la infancia, se arrastran y cristalizan en el adulto. El descuido de nuestros padres tiene una factura en nuestra adultez.

El niño responde ante lo que recibe, configura una estrategia para sobrevivir; si nadie cuida de su ternura, la elimina, se desconecta de ella o solo se siente querido si da cierta imagen. La psique del niño quiere desarrollarse, se impulsa su crecimiento. En este crecer encapsula heridas que no puede atender aún, que deben ser consideradas más tarde, fuera de la zona de combate. La prioridad es ir hacia delante, por su crecimiento. Se almacenan heridas y este sobresfuerzo implicará *a posteriori* unas secuelas y pagará la factura en su adultez. De este modo un adulto, si no realiza un trabajo de sanación y conciencia, puede pasarse toda la vida con miedo al abandono o sin poder conectar con su ternura en ninguna pareja.

LA VULNERABILIDAD ES HERIDA DE MUCHAS FORMAS

Nuestra integridad psicológica en las primeras etapas de desarrollo depende sobremanera del tipo de acompañamiento de nuestros padres. Nuestra legítima vulnerabilidad puede ser traumatizada: «Parece ser que yo era un niño lento», «Me hicieron creer que era tonto»...

Lo difícil de la crianza es que se puede herir de muchas maneras, desde las formas más obvias:

- La negligencia y el abandono material o emocional desorganizan el cerebro emocional.
- Un contexto de estrés crónico o en el que predomine el conflicto provoca inundaciones tóxicas con cortisol en el cerebro, que pueden conllevar pérdida de tejido neuronal y, por tanto, dificultades para aprender y adquirir habilidades.
- Las experiencias dolorosas y de sobreestrés provocan dificultades para modular las experiencias.
- Las carencias afectivas y el estrés emocional desorganizan los lóbulos prefrontales, lo que conlleva dificultades para reflexionar.

Y también podemos ser heridos de un modo sutil: «En casa me dejaban hacer lo que quisiera; ahora veo que, más que darme libertad, me tenían abandonada», «No recuerdo que mi padre jugara conmigo ni una sola vez», «Mi madre siempre me decía "no pasa nada" cuando algo me dolía, nunca dio espacio a mi tristeza, ahora no sé ni qué siento». Lo sutil produce heridas obvias.

Un aspecto hiriente es no poner límites. No poner límites a un niño es una forma de abandono. Es la irresponsabilidad paterna de no tomar partido en una conducta infantil que sabemos, si ponemos un mínimo de sentido común, que a la larga le será dañina. «Yo dejo que mi hijo haga lo que quiera en la frutería», «Dejo que mi hijo me pegue, y así puede expresar su enojo»...

Minimizar el dolor de un niño, abandonarlo a sus emociones o no validar su sentir destroza y mengua gradualmente su autoapoyo; lo que siente el niño es que lo que vive no es importante o digno. Se psicotiza al niño al desvincularlo de su experiencia, pierde su referencia interna, se fragmenta la unidad de su realidad interna ya que no puede apoyarse en ella.

La principal necesidad de un niño es sentirse seguro y acompañado. Es el acompañamiento lo que le aporta seguridad o angustia ante su experiencia y la del otro.

Detrás de muchas conductas del niño, sean estas desafiantes o incomprensibles, muchas veces existe una demanda de auxilio: «¡Acompáñame, estoy en la angustia!». Ante estas actitudes hay que ofrecer respuestas y no reacciones.

Como afirma Nancy Verrier: «Nuestros hijos no tienen comportamientos anormales, tienen respuestas normales a vivencias anormales».

Los niños responden como pueden a las actitudes paternas, y desde estas respuestas se configura un carácter, una estrategia de supervivencia para afrontar el dolor externo y el interno. Este carácter será el que deberá ser revisado en la edad adulta en busca de una mayor plenitud.

Somos una sociedad que minimiza la catástrofe que significa haber sido abandonado, despreciado o maltratado por los padres. Preferimos gastar millones en medicamentos. Mayormente todos llevamos un niño herido a cuestas. La herida del niño interior debería ser considerada una plaga psicológica, y debería ser tratada como tal, con atención psicológica lo antes posible.

El trauma temprano que sufre el niño en su desarrollo hay que reconocerlo como una profunda herida que tiene que ser reconocida de forma clara y luego tratada de un modo terapéutico.

Ningún diagnóstico hará jamás justicia al trauma que sufren los niños que han sido maltratados.

Lo traumático

Solemos asociar los traumas a problemas originados por grandes desastres naturales, como terremotos, guerras o huracanes. Estos son eventos extraordinarios que se salen de la experiencia humana común y generalmente producen fuertes y obvias reacciones emocionales, físicas, conductuales y espirituales en quien los vive. En ellos tenemos muy claro estas experiencias que dejarán mella en los supervivientes.

El trauma psicológico también es el resultado de la exposición a un acontecimiento estresante que sobrepasa los mecanismos de afrontamiento de la persona. Se da una desproporción del hecho frente a los recursos. Por eso el adulto debe cuidar de esta desproporción.

Esta experiencia se caracteriza por una hiperactivación del sistema nervioso autónomo (SNA). Esto provoca un alto nivel de segregación de cortisol que inhibe total o parcialmente la función del hipocampo, la experiencia no es procesada correctamente, no son integrados o metabolizados las emociones, las sensaciones y los pensamientos que vivimos en la experiencia traumática y, por lo tanto, se quedan impregnados o almacenados en nuestro organismo.

Como dice el título del libro de Bessel van der Kolk, «el cuerpo lleva la cuenta». Esta información vivencial no digerida se detonará en situaciones parecidas en la vida del individuo o quedará encapsulada en el cuerpo el resto de su vida. Parte del trabajo con la herida del niño interior es darnos cuenta de cómo lo traumático nos condiciona o limita; en gran parte no somos conscientes de las secuelas de nuestras heridas, por eso es necesario poner atención, que equivale a poner luz en por qué somos como somos.

Esta amnesia de lo traumático sería la explicación de que algunos pacientes no recuerden los hechos traumáticos o que acudan a terapias psicológicas por otros motivos, como dificultades de relación, quejas de somatización, ansiedad, depresión, trastornos alimentarios, autoagresiones, abuso de sustancias, fluctuaciones de carácter, miedos irracionales. Las dificultades presentes suelen ser consecuencias de antiguos traumas no metabolizados.

Lo traumático es una experiencia que nos hiere, deja una herida en nuestro cuerpo, en el cual se almacena una información sensorial y emocional que, al ser tocada, nos detona una experiencia reprimida que incluye emociones, sensaciones, impulsos y pensamientos encapsulados en nuestro cuerpo en el pasado, y que contaminarán nuestro presente.

Es como si alguien nos tocara una herida física abierta o un viejo esguince, y entonces se nos «detona» una respuesta agresiva, defensiva o de intenso dolor. O como esos huesos que, aunque se han solidificado, aún nos duelen en alguna ocasión.

La experiencia traumática es algo mucho más frecuente, sutil y cercano. No es necesario vivir en Somalia para sufrir traumas de guerra. Existen adultos que han sufrido guerras infantiles: «Primero me pegaba mi madre, ella se cansaba y, al llegar mi padre, terminaba el trabajo».

De hecho, no es tanto la dimensión del evento en sí mismo lo que determina el daño producido, sino que sus efectos dependerán de factores colaterales; de cada individuo, de su sensibilidad, de su carácter, de su familia, del apoyo que reciba de su contexto afectivo o escolar, del momento evolutivo en el que se haya producido... No es lo mismo perderte en el bosque con diez años que con cuarenta y cuatro, no es lo mismo que te roben con violencia que sin ella, no es lo mismo tener uno que dos padres incompetentes. La profundidad de nuestras heridas depende de una constelación de factores. Existen niños de padres separados que son felices, porque han sido acompañados de un modo nutricio y con amor, su fragilidad ha sido atendida.

La palabra «traumatismo» deriva del griego *trauma*, que significa «herida».

Los traumatismos vividos en la infancia o adolescencia pueden ser puntuales o recurrentes y de intensidad leve, moderada o grave.

Se pueden dar al repetirse una situación; recibir microtraumas de un modo continuado puede hacer mucha mella en nuestra psique: «Cada vez que enseñaba las calificaciones en casa mis padres me humillaban». También lo puntual puede herirnos de un modo profundo: «Mi padre me dio una paliza por sacar malas calificaciones».

Ciertos contextos también pueden ser traumatizantes: «Ir a la escuela para mí era ir al infierno», «En catequesis pasé mucho miedo por el castigo divino».

Lo traumático también puede surgir por una emoción vivida en el presente de gran intensidad que nos desborda o porque nos hemos sentido incapaces o en peligro ante un peligro real («Había unos borrachos pegando a gente en el metro») o potencial («En nuestro vagón se subieron tres personas que tenían muy mal aspecto»).

Las consecuencias de un trauma pueden afectar a las personas el resto de sus vidas: «Mi abuelo pasó hambre y siempre se emocionaba en las comidas».

Lo relevante de sufrir traumas durante la infancia y la adolescencia, como cualquier tipo de abuso (físico, emocional o sexual), violencia doméstica, suicidio de un ser querido, etcétera, es que pueden dejar secuelas que se traducen en distintos tipos de trastornos mentales y físicos crónicos, adicciones, trastornos de personalidad que condicionan la vida del individuo de un modo irremediable o remediable a través de un trabajo terapéutico de conciencia. Que solo seamos neuróticos o tengamos un carácter difícil ya es un logro.

Existen estudios que demuestran que sufrir traumas durante la infancia o la adolescencia es mayormente el factor que contribuye al inicio temprano de trastornos mentales como la depresión, la ansiedad, miedos, insomnio, el abuso de sustancias, etcétera.

Vivir traumas en la existencia es inevitable, pues se sufren pérdidas, frustraciones, se viven eventos agradables y desagradables de distinta intensidad. Se reciben golpes y contusiones. Lo traumático no es el caso de que otro niño «me pegue en la escuela», lo traumático es que al llegar a casa mi padre me diga: «Eres un débil, deberías haberte defendido, me avergüenzas». Aquí, el trauma no lo origina el hecho en sí, sino la respuesta paterna. El tipo de apoyo que hayamos recibido de nuestros padres traumatiza hechos que podían haber sido digeridos y metabolizados como meros avatares de la vida. Es su forma de acompañamiento lo que atenúa o acentúa el impacto de la vida y de las relaciones en nuestro ser.

El apoyo recibido por parte de los adultos facilita que el niño y futuro adolescente y adulto encaje y metabolice de un modo más eficaz los inevitables reveses de la vida.

EJERCICIO: Lo difícil que transitaste

Revisa en un espacio íntimo sucesos que viviste como traumáticos, aunque para los demás no fuera percibidos como tal.

Anota dos traumas que viviste en tu infancia y evalúa su intensidad. Es tu sagrada experiencia la que personaliza el nivel de gravedad de los hechos que viviste.

Por ejemplo, el divorcio de tus padres (alta).

Anota dos traumas que viviste en tu adolescencia. Por ejemplo, repetir 2.º de ESO (moderada).

Anota dos traumas que viviste en tu adultez. Por ejemplo, llevar una dentadura postiza durante ocho meses (baja).

Escribe al lado de cada uno de ellos cómo crees que han condicionado tu vida o el período en que se dieron.

Aprender a graduar nuestras experiencias es sinónimo de salud, y reconocer nuestro dolor es un acto de humanidad hacia nosotros mismos.

Conéctate a la verdad íntima de que los superaste sin desconectarte del sufrimiento que viviste en estos tránsitos de la vida.

LAS DOS HERIDAS

Históricamente, los niños han sido heridos debido a las dificultades o las negligencias adultas. Pero es importante no confundir la herida traumática con el proceso natural de separación del niño de sus progenitores, en el que debe percibir que sus padres no lo podrán asistir siempre ni cubrirán sus necesidades eternamente. La maduración es el tránsito de la dependencia funcional a una autosuficiencia responsable, que no excluye nuestra naturaleza dependiente y vulnerable. Y, a la vez, los padres deberían gestionar este darse cuenta —que en sí ya duele— sin dramatismo ni desprecio ni una ausencia súbita, sino de un modo amable, gradual y respetuoso con su tempo de maduración, como un padre que enseña a nadar a su hijo y lo suelta cuando sabe que lo conseguirá por sí mismo. Lo conveniente es acompañar al niño hasta su independencia sabiendo que cada niño tiene un tiempo único de maduración distinto, como una fruta. Es el adulto el que debe adaptarse a la particularidad del niño, no a la inversa.

La cuestión es no agravar —con una herida de abandono o de sobreprotección— el inevitable y sano proceso de diferenciación del niño. Estas son dos heridas básicas provocadas desde dos ángulos opuestos: el abandono y la sobreprotección; uno se da por defecto, y la otra, por exceso.

La primera herida se produce por vía pasiva, debido a la indiferencia y el descuido de los padres; y la segunda, por vía activa, debido a la invasión y a su excesiva intervención.

En suma, es tan perjudicial no acompañar como sobreacompañar al niño en el desarrollo de las situaciones emocionalmente significativas para él.

Es importante aclarar que estas heridas se pueden combinar, no son puras, se pueden haber entremezclado. De alguna manera, a todos nos condiciona en mayor o menor proporción una u otra herida. En nuestro interior podemos tener un niño abandonado o un niño sobreprotegido, sufrir una mezcla de ambas o ambas en distintos porcentajes. «Fui abandonado por mis padres y sobreprotegido por mi abuela», «Tenía un padre ausente y una madre sobreprotectora, no sé qué era peor».

Por consiguiente, es el cuidador quien posibilita o interrumpe desde estas dos posiciones —la de abandono y la sobreprotectora— la arquitectura neuronal y la red de recursos disponibles. Interrumpe la creación de los recursos potenciales del niño, obstaculiza su capacidad de autorregulación e impide que se estructure la capacidad natural del niño para reconocer, vivenciar y transitar lo emocional, lo corporal y lo cognitivo de un modo amable. Un agricultor puede estropear o reducir la fertilidad de la tierra. Sea como sea, es importante acercarse a la tierra, hablar con ella, y tomar la responsabilidad de su cuidado. Todo niño es una nueva tierra.

¿Cómo actúa el organismo frente a la aparición de la herida?

La vivencia hiriente se aísla, no se metaboliza ni se digiere. A modo de defensa, el organismo se cierra: se organiza para minimizar daños a costa de perder su vitalidad e impide el acceso a sus recursos naturales, de modo que el niño no aprende a regular su propia experiencia, sus emociones, sus impulsos, sus necesidades, sus anhelos, sus sensaciones, sino que el proceso se dificulta, en mayor o menor medida, y le afecta en su futuro.

Cuando el niño es herido el organismo se pone en modo supervivencia —el sobrevivir eclipsa el vivir—, la prioridad pasa a ser la conservación y no el aprendizaje, como si se interrumpieran las obras de cien autopistas neuronales en pos de la conservación de unas pocas básicas para la supervivencia.

En consecuencia, aprende a relacionarse con el entorno desde esas experiencias iniciales. Habrás escuchado estas manifestaciones alguna vez: «Ya desde pequeña me sentía menos», «De pequeña estaba más sola que la luna», «Me sentía como un príncipe y después me destronaron sin previo aviso».

> Cada herida no sanada sesga o condiciona las futuras experiencias de modo negativo y afecta así a las relaciones, con los demás y con la vida misma.

DESCONECTAR PARA SOBREVIVIR

Los episodios traumáticos no atendidos en la infancia ponen en jaque las suposiciones sobre la seguridad del mundo, el valor positivo del ser, y se pierde la credibilidad en las personas del entorno y de las personas en general.

Cuando el dolor de un niño no es atendido, el sentido básico de su confianza queda minado. Y cuando la angustia alcanza un nivel muy alto, el mecanismo al que recurre el organismo es la desconexión, a través de la cual se defiende de la falta básica de cuidado y atención, de su impotencia ante el poco espacio y cuidado que se le otorga. «Para qué conectar con mis emociones si estas no van a ser atendidas».

Es decir, que nuestro niño necesitaba la colaboración de los adultos para aprender a relacionarse con sus experiencias agradables o desagradables, placenteras o dolorosas. Si esta cooperación no se dio, la mejor opción para él fue la desconexión de las vivencias con las que no le ayudaron a contactar, sostener, explorar, vivenciar o gestionar, como determinadas emociones, temores, situaciones de rechazo, deseos, etcétera.

«Fui demonizada por tocarme los genitales», «Mi tristeza nunca fue vista, me presionaban para estar siempre contento», «Siempre que me enojaba me castigaban».

Nos desconectamos de la propia experiencia cuando percibimos un nivel de angustia excesivo o que seremos rechazados por la manada. Decía una paciente: «De pequeña me protegían tanto que me sentí una ingenua al llegar a la escuela, no sabía cómo defenderme», «Mis padres no daban espacio a mi enojo ni a mi tristeza, y yo me sentía culpable por estar enojada o triste», «Ahora me doy cuenta de que de pequeño me desconecté de la ternura».

Como apuntaba Francis Bacon: «Nada se sabe bien sino por medio de la experiencia». Por ello, el adulto debe plantearse en todo momento qué tipo de experiencia le ofrece al niño, ya que este se construirá desde dicha experiencia, y debe ayudarlo a que contacte con lo angustiante de un modo sano. La angustia es inmanente a la vida. Relacionarnos de modo sano con ella nos permite desarrollar nuestros recursos. Sanar a nuestro niño herido es aprender a gestionar lo angustioso de una forma no traumática.

Esta desconexión de nuestra experiencia fomenta una personalidad que funcionará como una estrategia para poder sobrevivir.

«Solo me sentía visto si me enojaba; me volví un niño travieso», «Empecé a leer para no sentirme solo», «Me volví una niña obediente para ser querida por mi padre, sacar buenas calificaciones me daba amor, mi vida era un examen».

El desamor nos lleva a configurar un carácter para compensarlo. La personalidad se configura desde una herida de amor.

LA HERIDA DEL ABANDONO

Las personas con esta herida se sienten solas, aisladas y no protegidas en el contexto familiar. El abandono puede ser físico o emocional. De niños no se sintieron ni atendidos ni vistos. La distancia emocional del cuidador ha sido excesiva, el niño abandonado se siente excluido de la relación natural progenitor-niño, caminó solo sin que nadie le enseñara a caminar.

Son niños que se sintieron desplazados y excluidos de sus vínculos primarios de un modo reiterado. Sin una guía externa, nos aislamos, nos ensimismamos y presionamos nuestra mente y nuestro cuerpo para sobrevivir. Son niños que se sintieron inferiores, con menor dignidad de ser. Desde el niño, este abandono es percibido como una señal inequívoca de que posee poco valor: no soy importante. Nada más lejos de la realidad, pues fueron los padres los que tenían poco valor.

Por consiguiente, la confianza que brota de un modo natural en el niño, y por lo tanto en el mundo y en los demás, cae, se resiente y se transforma en desconfianza y suspicacia respecto a las relaciones en general, actitudes que nos acompañan en nuestro posterior desarrollo. La fuente de confianza se seca o se intoxica. Esta desconfianza de origen traumático es una forma de proteger la hiperfragilidad vivida debido a que nuestra vulnerabilidad no fue atendida. El abandono vivido nos hizo sentir inadecuados, y su precio es la pérdida de lo vital, lo espontáneo y lo auténtico. La curiosidad que el niño tiene naturalmente se transformó en miedo, hipervigilancia, pesimismo y desencanto. Y así se atenúa nuestra vitalidad natural. La fórmula de reducir el sufrimiento excesivo es a menos vitalidad, menos dolor.

> Uno puede vivir con este lastre toda la vida si no se libera del dolor antiguo.

¿Cómo lo vive nuestro niño interior?

El niño abandonado es expulsado del amor original, sus gritos de angustia no son atendidos y aprende a vivir en una especie de exilio, aprende a vivir sintiendo y sintiéndose menos. Le dan poco, es pobre.

Ningún adulto ayuda a este niño a estructurar cómo se transitan las emociones, por lo tanto, se perderá, se desconectará o será influido por ellas. Tampoco tendrá las herramientas necesarias para diferenciar su experiencia emocional de la del otro, tenderá a polarizarse, ya sea fusionándose con los demás o rechazando las emociones propias o las del otro.

En esta soledad todo da más miedo.

La alerta aumenta y decae el disfrute sensorial. La supervivencia se impone a la exploración.

Aunque tenga padres, la experiencia del niño está huérfana, no la siente atendida.

No discriminar lo propio de lo ajeno —nadie nos enseña a separar el yo del tú— produce confusión y desazón.

La herida de abandono emerge ante algo tan grande como el ser abandonado por los progenitores a los que amamos. Este niño no entiende por qué fue abandonado.

No tiene desarrollada la capacidad de defenderse.

Cree que es indigno de amor.

Entonces, el cuerpo se blinda, nos desconectamos de él para sentir menos ya que estamos demasiado expuestos a la hostilidad del mundo, no tenemos a un protector cercano. Mayormente nos refugiamos en la cabeza o en la fantasía para desconectarnos de nuestra vulnerabilidad emocional y corporal.

Sin un apoyo externo, todo es más difícil.

Debe esforzarse para averiguar de qué color son las cosas, mientras que sería todo un poco más fácil si alguien le orientará mínimamente y le explicara que el fuego quema o calienta, y que las cosas se pueden gestionar de varias maneras. Nadie le da mapas para explorar lo humano. El naufragio está servido.

Está desorientado, opta por meterse en su cueva, por vivir en las sombras o por perderse en influencias externas.

Me decía una paciente que tenía que hacer un gran sobresfuerzo en varias áreas de la vida como pedir ayuda o sentirse bien por estar bien. Se cae en un sobresfuerzo general por el vivir.

Confiar en su autocriterio si no lo ayuda ningún adulto. El autocriterio tardará mucho más tiempo en consolidarse, si es que se consolida. Y entonces dependerá de otras personas o miradas para orientarse en el vivir o dudará de sí mismo.

Pero el niño no renuncia fácilmente a contar con una figura de orientación, espera y esperará, y esta impaciente espera se traduce en una depresión seca, interna e invisible, que se vive en la estructura corporal-emocional, el cuerpo deprimido, y en un pensar pesimista, escéptico, rígido o encerrado en sí mismo. El niño se acerca a la supuesta fuente de sostén, afecto y guía, y aunque no reciba casi nunca lo que espera, es leal a su sistema de origen. Espera agua de la fuente original, aunque no caiga una gota, y se emociona en exceso cuando cae alguna. Cualquier atisbo de amor lo conecta a la esperanza de amor. Se hace dependiente de los destellos de cuidado. No renuncia a ellos, y el posterior adulto deberá enseñarle a encajar la realidad y a renunciar al amor que él legítimamente pedía y esperaba, y a no depender ni dejarse hacer daño de fuentes que dan poca agua de amor.

Esta espera, tan humana como angustiosa, se transforma en languidez, melancolía, agresividad hacia el mundo externo o hacia el mundo interno. Esta esperanza frustrada de un modo crónico hará mella en su psique y en su alma.

Nuestro niño abandonado vive en la desazón existencial, entre el masoquismo y el sadismo, entre la guerra y la rendición, entre el impulso de seguir luchando y las ganas de tirarse al suelo, y entre la evidencia irrefutable de que el mundo es hostil y el deseo irrenunciable de que algún día será querido y cuidado.

Quizá este despertar de conciencia se dé cuando el adulto trabaje con su niño interior. Este despertar es un tomar la propia vida y retomar el impulso vital original más allá de los demás en pos de una vida plena.

LA HERIDA DE SOBREPROTECCIÓN

En palabras de María Montessori: «La persona que es servida, en lugar de ser ayudada, es obstaculizada en el desarrollo de su propia independencia».

Por lo tanto, mientras que la protección psicológica y física es vital para los hijos, a veces se confunde con la sobreprotección. Como dice Marcelo Antoni, «protegerse es salir a la calle con un paraguas en un día de lluvia y sobreprotegerse es salir con siete».

La sobreprotección no es amor, aunque se disfrace de buenas intenciones. Proviene mayormente de la angustia adulta depositada en proteger de un modo exagerado a un ser que debe experimentar su unidad, su vulnerabilidad, su fuerza, su angustia y desarrollar a través del contacto con distintas energías vitales su propia capacidad de ser autónomo y de transitar lo fácil y lo difícil de la vida. Fundamentar la autonomía es una misión paterna, sobreproteger es minarla y no dejar que la persona crezca desde su interioridad.

Podríamos decir que sobreproteger a un hijo es ir más allá de cubrir y satisfacer sus necesidades y cuidados básicos. Es evitarle dolores, sufrimientos y frustraciones que no le permiten madurar y aprender a vivir. Es debilitarlo. Es pensar por el hijo, tomar decisiones por el hijo, solucionar todos los problemas del hijo. Es quitarle poder para desarrollarse o para ser quien es. Es una invasión, una mutilación de recursos naturales y, por lo tanto, una agresión. Es impedir la conexión del niño con sus recursos de afrontamiento naturales. Es vivir por el hijo, cuando el hijo es, en esencia, una persona que debe desarrollar sus propias capacidades personales si quiere funcionar correctamente en el mundo.

Es una invasión del adulto al ser en construcción debido a sus propias angustias y a su miedo al sufrimiento. Aceptar el sufrimiento es lo que nos permite gestionarlo de un modo sostenible y aprender a vivir con él.

Sobreproteger es ir en contra de lo que es una crianza, la cual es un proyecto de ayuda a un ser para que este sea una persona independiente y, en consecuencia, feliz.

Cuidar a un niño satisfaciendo los deseos del adulto es una agresión. Vivir en el cumplimiento del deseo psicotiza al niño y lo hace vivir en un mundo irreal.

Este niño se vuelve infeliz porque no puede jugar en el lodo, aprender a limpiarse o a mancharse desde el goce. No se siente valorado, percibe que no confían en su fuerza y en sus recursos. La sobreprotección también es una ofensa.

¿Cuáles son los signos de un niño sobreprotegido?

En esta herida de sobreprotección, el niño experimenta lo siguiente: «Mis padres no confían en mis capacidades, por lo tanto, algo falla en mí, quizá sea débil, tonto, debo de estar poco preparado para vivir. Se me privan oportunidades de aprendizaje, no puedo desarrollarme, mis recursos innatos se atrofian y los nuevos no reciben condiciones para emerger».

Se da una experiencia de incapacidad que fácilmente perdurará en la vida adulta.

O se vive otro polo del asunto: «Debo ser muy especial, los demás deben estar por mí, necesito ser admirado, la vida y el mundo me deben cuidados extra. Mi deseo debe imperar»; por lo tanto, se nutren ideas y fantasías irreales, pues la vida no se somete a nuestro deseo.

Sin embargo, el niño necesita gestionar su deseo y su frustración, y tolerar que no todo sea posible. De lo contrario, el futuro adulto sufrirá de forma exagerada ante las inclemencias inevitables de la vida, y le costará habitar la polaridad deseo-frustración.

Otras vivencias que se dan en esta herida:

«No puedo sentirme a mí mismo, siempre hay un adulto cerca». Esto produce angustia, estrés y agobio.

«No me puedo definir». Se da una vivencia de invasión constante. La intimidad es violada y no respetada.

«Soy un recipiente abierto y disponible para la emoción o la angustia de mis padres. No sé si lo que siento es mío o del otro».

Diferenciar lo propio de lo ajeno es dificultoso y es una cuestión clave para tener relaciones sanas.

«No me dejan decidir».

Decidir nos da existencia. No hacerlo nos la quita. Tomar decisiones e iniciar acciones nos empodera. O se vive el otro extremo y de repente un niño vivencia el peso de decidir lo que hace toda la familia, convirtiéndose en un salvador, en una víctima de carencias ajenas. Este «sobrepoder» le angustiará, es demasiado para un niño, ya que el orden invertido confunde y desubica.

«Sin el otro no soy un ser suficientemente capaz para vivir. ¿Soy un "inútil" que siempre necesita a otro a su lado? O debo salvar a mi madre de su angustia».

Se fundamenta la dependencia.

«No hagas eso que puedes lastimarte», «No vas a ir a dormir a casa de tu amigo porque yo no conozco esa casa», «No irás a la excursión porque los animales pueden ser peligrosos». Por un lado, se configura una sensación de hiperfragilidad; por otro, si nos protegen tanto, está claro que el mundo es peligroso y hostil. El miedo a la vida está servido, y la atrofia de nuestros recursos también. El mundo es potencialmente hostil y también es potencialmente benefactor, y es una maravilla que debe ser descubierta y presentada al niño.

Existe una baja tolerancia a la frustración, se evita que se relacione y se familiarice con la experiencia de frustración, y esta se convierte en un monstruo que hay que evitar. De igual modo se le desconecta del deseo porque no se le da tiempo para reconocerlo: la comida llega antes que el hambre.

O bien se le cuida desde sus deseos y entonces la frustración pasa a ser una experiencia que debe ser evitada. Pero la fuerza personal crece desde el deseo y desde la frustración. Se evita la frustración y, por tanto, se cancela la posibilidad de aprender a tolerar.

Muchos padres se aseguran de que el hijo no sufra por nada ni por nadie, que no se frustre. Para ello, les dan lo que piden en el momento en que lo piden, minimizando su dolor inmediato, sin pensar en los efectos a medio y largo plazo. El niño sobreprotegido no aprende a relacionarse con el dolor ni con lo angustioso. Acaba siendo fóbico al dolor o, por el contrario, le afecta demasiado. La relación con el dolor está pervertida.

La sobreprotección es una cancelación de recursos. Se sabotea la posibilidad de aprender a tolerar que las cosas no siempre salen en la vida como a uno le gustaría y que, nos guste o no, esta es la realidad y se puede transitar por ella con suficiente satisfacción. Aprender a sufrir aporta una gran fortaleza en la vida.

También puede darse que bajo el cobijo de la familia que practica la sobreprotección el hijo sienta que lo tiene todo y que los padres son una especie de sirvientes que están a sus pies cuando él lo necesita. Esta inversión de roles es dañina, y tendrá secuelas en la vida adulta; los padres deben hacer de padres, y los hijos de hijos: «Mi padre era como mi mayordomo, ahora me cuesta mucho realizar cosas de casa», «Hay una parte de mí que cree que los demás deben servirme», «Perdí mi infancia ayudando a mi madre, ella siempre me pedía consejos».

El cultivo de sobreprotección nos indica que los padres no confían en la autorregulación del niño, e interfieren en su curiosidad y en su instinto de exploración. Su niño herido interfiere en la crianza del hijo.

Todos los niños necesitan que se confíe en ellos. Si siempre estamos anticipando al niño lo que le va o no a ocurrir, si no lo dejamos equivocarse para aprender y si lo hacemos todo por ellos, evidentemente estamos limitando y atrofiando su capacidad de aprendizaje. Se da una anulación del desarrollo de las capacidades personales por vía activa, a través de acciones, a diferencia de la herida de abandono que se da por vía pasiva, desde la no acción. Las plantas se ahogan con mucha agua y se secan si no se nutren.

Se sabotea la capacidad del organismo para darse cuenta y para gestionarse desde sí mismo. Si antes de que el niño tenga ganas de orinar ya lo estamos obligando a ir al baño «porque no vaya a ser que luego te den ganas y no encontremos un lugar para hacerlo», él no sabrá identificar por sí mismo sus propias señales fisiológicas cuando necesite ir al baño, y, por lo tanto, iniciar una acción coherente con dicha necesidad. Es sano motivar a los niños a escuchar sus deseos y necesidades emocionales y corporales.

Si no dejamos que un niño se caiga, nunca aprenderá a gestionar una caída. Y quizá también tenga miedo a caerse: si mi padre me dice tanto que esté atento, será porque caerse con la bicicleta debe ser terrible. Las personas aprendemos por consecuencias negativas y positivas debido a nuestras experiencias directas, por lo que es indiscutible la necesidad de que el niño experimente con el mundo para aprender a manejarse mejor en el futuro y formar su propio criterio basado en sus experiencias.

Actualmente atiendo numerosos casos en los que los padres con herida de abandono sobreprotegen a sus hijos.

La sobreprotección se traduce en una castración de recursos y capacidades, su efecto es parecido a talar árboles de un bosque.

> Es importante confiar en el niño, en sus recursos naturales y en su capacidad de respuesta. Y desde esta confianza adoptar una distancia en la que no estemos ni cerca ni lejos, disponibles para que el niño nos pida ayuda mientras él busca SU manera de defenderse de un niño que le quitó su juguete.

Como decía Paracelso, expresando así el principio básico de la toxicología: «*Dosis sola facit venenum*» (solo la dosis hace al veneno). «Todas las cosas son veneno y nada es sin veneno, todo depende de la dosis», es decir, que toda actitud potencialmente puede tener propiedades tóxicas y causar daño si se produce en una concentración alta. En este sentido, el exceso de amor o de cuidados también puede ser tóxico.

LA HERIDA MIXTA

La doble herida es posible. A veces ambas heridas se superponen, o se entremezclan en distintos porcentajes. En nuestro interior puede vivir un niño abandonado y un niño sobreprotegido. Incluso un mismo padre puede ser sobreprotector y abandónico, según el momento o el área de vida.

Por ejemplo, somos hijos de un padre sobreprotector y de una madre que abandona, o de un padre que empezó siendo protector y al final fue ausente: «Mi padre estuvo muy presente hasta mis siete años y después no sé qué paso», «Mi madre me sobreprotegía para compensar el abandono de papá», «Mi madre era mitad sobreprotectora y mitad ausente», «Mi padre no hablaba conmigo apenas, pero en el parque me sobreprotegía».

Cuando hemos sido criados por niños heridos adultos, sucede que el niño herido de nuestros padres interfiere o contamina nuestra crianza y, entonces, por
ejemplo, un padre que fue huérfano y no sana su herida de orfandad la transmite a su descendencia. Por eso es indispensable hacer un trabajo personal
para que nuestras antiguas heridas no hieran al recién llegado.

EJERCICIO: Escucha tu verdad

Busca una foto tuya de cuando tenías siete años (nuestro carácter se forma
alrededor de esta edad).

Mira la foto desde tu curiosidad.

Déjala sentir en tu corazón, en tu cuerpo y en tu mente. Necesitas tu since-
ridad.

La verdad sana. Responde:

- ¿Este niño fue abandonado o sobreprotegido?
- ¿Por quién fuiste abandonado y por quién sobreprotegido?
- ¿Viviste las dos cosas? ¿Cómo fuiste abandonado y cómo fuiste sobreprote-
  gido?
- ¿Alguien te ayudó a compensar estas heridas?

Escucha las respuestas que emergen de tu alma; por ejemplo: «Mi padre me
abandonó física y emocionalmente, mi madre en el plano emocional. Y mi abuela,
para compensar el desastre, me sobreprotegió».

EJERCICIO: Las heridas de tus padres

Reflexiona acerca de la biografía de tu padre:

- ¿Cuáles son las dos heridas que percibes que vivió?
- ¿Cómo sientes que su dolor afectó a tu vida?

Reflexiona acerca de la biografía de tu madre:

- ¿Cuáles son las dos heridas que percibes que vivió?
- ¿Cómo sientes que su dolor afectó a tu vida?

Las respuestas que imagines pueden ser importantes para tu crecimiento. Haz algo con ellas. Llévalas a tu terapia personal o compártelas con tu pareja o una amistad íntima.

La herida como espejo

Las heridas infantiles dejan huellas en nuestra vida adulta si no son sanadas o compensadas de forma consciente. Es decir, si no se trabaja con ellas los traumas infantiles vividos, que pueden ser graves, moderados o leves. Conviene sanar estos traumas para que no saboteen nuestra felicidad y podamos acceder así a una vida plena. Estas heridas se reflejan en nuestra vida adulta. Nuestras dificultades adultas reflejan nuestras heridas.

Todos llegamos a la vida adulta con una serie de traumas de distinta gravedad: «Mi padre murió cuando yo tenía siete años», «Mi padre me pegaba si sacaba malas calificaciones», «Repetí dos cursos», «Me enviaron a trabajar porque decían que no tenía cabeza para los estudios»...

Es importante no minimizar nuestro dolor para dar espacio a nuestras heridas y así no estar condicionados por ellas. Por ejemplo: «Mi mejor amigo se hizo amigo de mi vecino y dejó de verme» (para un niño de diez años este hecho puede ser terrible). Lo no digerido se encapsula en nuestra memoria traumática y condiciona nuestra forma de percibir, sentir y gestionar las relaciones. El dolor no metabolizado tiñe nuestra experiencia. En cambio, entrar en el dolor nos permite asimilarlo y disolverlo. Será el dolor que reside en nuestra memoria traumática lo que teñirá nuestra precepción y condicionará nuestro actuar, emocionar, pensar y sentir.

La siguiente secuencia ayuda a entender cómo lo traumático llega a condicionar al adulto:

Situación traumática

«Mis padres se separaron cuando yo tenía siete años. Lo malo no fue eso, fue que yo me sentí abandonado por ambos».

Percepción

«Para mí, las relaciones afectivas son dolorosas».

Secuela físico-emocional

«Me paso el día con miedo a ser abandonado por mi pareja».

Gestión disfuncional

«Me paso los días preguntándole a ella si me va a dejar o no».

Efecto en la vida adulta

«Me siento débil y con poca fuerza, no confió en mí, necesito la validación de los demás para estar tranquilo».

Muchas de nuestras dificultades presentes son secuelas de nuestras heridas infantiles. Ejemplos de secuelas de nuestros traumas:

- «Me doy cuenta de que siento un dolor muy grande cada vez que finaliza una relación».
- «Pienso mucho en el pasado».
- «Me pierdo en las relaciones de pareja».
- «Me cuesta mucho estar solo».
- «Los comentarios de los demás me afectan exageradamente».
- «Tengo miedo a la vida».

LA HERIDA NOS DISTORSIONA

Nuestras heridas infantiles condicionan nuestra vida adulta. A veces vivimos situaciones en las que se actualiza lo traumático y la angustia antigua eclipsa o invade la realidad actual.

Nuestra herida produce una desproporción entre los hechos, las vivencias y sus resultados. Por ejemplo, una persona se siente abandonada por su pareja e indagamos en su situación y descubrimos que revive su antigua herida de abandono con su madre. De pronto una discusión con su pareja se transforma en la confirmación inequívoca de que «nunca me siento querido por lo que soy», lo cual parece la demanda desconsolada de un hijo a su padre y a su madre.

El miedo y el enojo inundan a la persona. Puede sufrir en exceso e incluso cometer actos de los que se puede arrepentir: «El ultimo día casi le pegué».

Los traumas que vivimos en nuestro desarrollo inicial contaminan de forma inconsciente al adulto. Por más que mi pareja me diga que solo está en desacuerdo con mi punto de vista, el adulto poseído por su niño herido percibirá con una certeza absoluta que no es tenido en cuenta en su relación de pareja y que vuelve a ser pisoteado: «Haga lo que haga da igual».

Esta especie de posesión influye en nuestra percepción de la realidad, y también en nuestra expresión. Quizá ahora sí emerja la ira no dirigida a los padres, depende cómo se gestione el dolor será un panadero o un motociclista quien pagará los platos rotos infantiles, o quizá a la persona le surja un desconsuelo infinito y acabe en una depresión de dos años. Diseccionemos el asunto.

Hecho actual: discusión con la pareja. Herida primaria: trauma de abandono.

Vivencia íntima: «Mi pareja no me quiere; aunque me diga que sí, no lo creo».

- Nivel emocional: ira y tristeza exageradas.
- Nivel cognitivo: «No confío en ella, me va a traicionar».
- Nivel corporal: tensión excesiva e impulso agresivo de pegar.

Hecho antiguo: «Mi padre me abandonó».

- Nivel emocional antiguo: tristeza e ira desconsolada.
- Nivel cognitivo: «Mi padre me estaba engañando: me decía que me quería, pero después nunca venía a verme a casa de mi madre».
- Nivel corporal: me encerré en mí mismo y a veces me pegaba a mí mismo.

El nivel emocional se repite, la desconfianza en el cognitivo también, y, en cambio, el corporal está invertido.

La persona en cuestión pudo llorar lo vivido por su niño a lo largo de dos sesiones, pudo restablecer la confianza en su pareja, y empezó a disolver la antigua ira a través de ejercicios de meditación en los cuales se amistaba con la legitimidad tanto de su dolor como de su ira.

> A más conciencia y sanación de las heridas originales, menos interferencia de nuestras viejas angustias en el vivir presente.

La conciencia de nuestro sufrimiento nos permite compensarlo, somos hijos del pasado y es necesario trascenderlo para ser padres de nuestro presente y futuro.

Prestar atención nos permite diferenciar lo que nos sucede de lo que nos sucedió, nos permite darnos cuenta de lo actual y de lo antiguo, y empezar a diferenciarnos. El darse cuenta nos conduce a nuestra sabiduría personal, y la sabiduría nos conduce a la libertad mental.

LA RESILIENCIA COMO RESPUESTA A LAS HERIDAS INFANTILES

En ingeniería, se llama resiliencia a la capacidad de un material de absorber energía elástica cuando es deformado y de recuperar la forma cuando se deja de aplicar la carga. Para ser resilientes primero hemos sido traumatizados. La resiliencia es una respuesta de supervivencia psicológica, es la capacidad de los seres humanos sometidos a los efectos de una adversidad, de superarla e incluso de salir fortalecidos de la situación.

Algunos niños fueron deformados para siempre, otros recuperaron parte de su forma original, pero la mayoría siguen sesgados por la deformación inicial.

Los niños heridos se ven obligados a ser resilientes. Necesitan ser creativos y buscar otra vías, caminos sustitutos o refugios para poder desarrollarse. Están obligados a ser creativos: «Me refugié en los libros», «Hice de la eficacia mi estrategia de supervivencia», «Siempre fui muy sociable fuera de casa», «Mi osito de peluche me acompañaba a todas partes».

El trabajo del adulto es que estas creaciones resilientes no condicionen todo su potencial: «Ahora valoro lo emocional, no solo lo intelectual», «Me permito descansar de mi eficacia», «Ahora busco más espacios para mí misma», «Uso mi antiguo osito para crear ilustraciones divertidas».

Una infancia desgraciada solo debe suponer empezar mal en la vida, por eso es necesario un profundo trabajo de conciencia en la vida adulta para que tus heridas infantiles no infecten tu percepción, tu emoción, tu cuerpo y tu pensamiento toda la vida.

Lo mismo que te salvó te puede condenar. Depende de la dosis y de qué añadas a la fórmula inicial.

La factura de la resiliencia infantil son las secuelas de nuestras heridas.

No es posible sobrevivir sin secuelas. De la interacción entre la historia de nuestros padres, el daño que con menor o mayor conciencia nos hicieron, los contextos en que vivimos y nuestros procesos resilientes surgen adultos, más o menos competentes, que entrarán o no en un proceso de sanación de sus heridas.

Nuestra programación resiliente no pudo con todo, nuestro sistema operativo sufrió daños y pérdidas: «A veces noto que mis cables hacen chispas», «La ira me pierde», «No consigo quererme».

El campesino y el burro (un cuento)

Un día, el burro de un campesino se cayó en un pozo. El animal gimió fuertemente durante horas, mientras el campesino trataba de pensar qué hacer.

Finalmente, el campesino decidió que el burro ya estaba viejo, el pozo ya estaba seco y necesitaba ser tapado de todas formas; que realmente no valía la pena sacar al burro del pozo.

Invitó a todos sus vecinos para que vinieran a ayudarle. Cada uno agarró una pala y empezaron a tirar tierra al pozo.

El burro se dio cuenta de lo que estaba pasando y rebuznó horriblemente. Luego, para sorpresa de todos, se aquietó después de unas cuantas paladas de tierra.

El campesino finalmente miró al fondo del pozo y se sorprendió de lo que vio... Con cada palada de tierra, el burro estaba haciendo algo increíble: se sacudía la tierra y pateaba encima.

Muy pronto todos vieron sorprendidos cómo el burro alcanzaba la boca del pozo, saltaba por encima del borde y salía trotando...

La vida es fuerte, algunas situaciones o personas van a tirarte tierra, todo tipo de tierra. El truco para salir del pozo es seguir luchando, insistir y usar la tierra para ir hacia arriba. No darse por vencido es la clave. Que nada ni nadie decida por ti. Tenemos el derecho absoluto a ser felices y a salir de cualquier pozo.

Existen los niños caídos y los niños resilientes. Gratitud y respeto a la lucha de nuestro niño interior.

El camino hacia el autoconocimiento

> Hay hojas de periódico arrastrándose como heridas de gue-
> rra, son gaviotas que mueren en el agua de algún muelle.
>
> JOAN MARGARIT

Tengamos en cuenta que lo antiguo no elaborado se queda crónicamente sobreestimulado y detona una respuesta psicoemocional excesiva o
dolorosa en una situación presente que muestra semejanzas con la antigua. En este sentido, el autoconocimiento es una herramienta esencial.

Para Claudio Naranjo «no hay cambio posible sin pasar por el
autoconocimiento individual. Siglos y siglos de cambios sociales y po-
líticos han fracasado porque han pasado por alto el cambio de las
personas. Solo podemos sanar el tejido a través de las células, las personas. Y para eso tenemos que sembrar la semilla en la escuela. Pero
debe ser una nueva escuela que tenga en cuenta los tres aspectos de
las personas: el conocimiento, la salud amorosa y la salud instintiva».

REPETIR PARA RECONOCER Y RECONOCER PARA SANAR

Quien ha sufrido un trauma suele encontrarse, cada cierto tiempo y de
forma más o menos inconsciente, en las mismas coordenadas.

Esto puede deberse a que un elemento de la situación actual se parece a la situación antigua. Esta semejanza, aunque haya claras diferencias, conecta con algo no consciente interno del sujeto, que aún no ha sido digerido en el plano emocional.

Situación del presente: «Para decir que no a alguien, lo paso mal tres días antes y después me siento culpable toda la semana».

Situación traumática original: «Cuando le decía a mi padre que no quería ir con él el fin de semana, después me sentía desleal a él».

Dice Carlos Matchelajovic: «En la primera educación todo me sucede, mi estado, estoy influenciado por los educadores, pero en la segunda educación, que es en realidad una autoeducación, YO tengo que educarme y, hasta cierto punto, reeducarme. ¿Para qué necesito otra educación si ya tengo una, y por qué nos consta que en realidad todos necesitamos una segunda educación?».

Mayormente, no coincide la edad biológica con la edad psicológica o la edad de nuestra esencia. Mi esencia se ha quedado atrás, lo esencial se ha quedado atrás; mi personalidad se ha desarrollado, pero esta diferencia en la edad muestra que hay muchas partes en mí que todavía se quedaron atrás, que son infantiles, subdesarrolladas, no tocadas y que están trabajando todavía en mí, o por lo menos manifestándose en forma de explosiones, en forma de implosiones, hacia dentro emocionalmente, pero que de todos modos constituyen un gran obstáculo para mi desarrollo.

La segunda educación no es para todos, pero es para los que quieren, y como Gurdjieff dice en la «segunda aspiración del Ser, el deber del Ser, debe sentir una inextinguible necesidad de trabajar sobre su propio perfeccionamiento en el sentido del Ser. No en el sentido de la personalidad, es para esto que es necesaria una segunda educación».

Así, lo traumático suele repetirse a lo largo de la vida del sujeto que ha sufrido distintas situaciones dolorosas que han dejado mella en su forma de ser, estar y hacer. Esta repetición puede ser evidente, como los recuerdos traumáticos que vuelven sin parar a un soldado, o de un modo más sutil, en forma de situaciones traumáticas que se repiten en la vida del sujeto sin que este entienda por qué o sepa reconocerlas.

«Me cuesta mucho despedirme».

¿Qué ocurre?

Que a nuestro niño le sucedió lo que le sucedió e hizo lo que pudo para ubicarse en la vida. En la segunda educación, si el adulto realiza un trabajo de conciencia, puede conseguir un crecimiento postraumático, es decir, que se puede educar a sí mismo. Como adultos podemos reinventarnos, pulirnos, diferenciar lo propio de lo ajeno, podemos desechar o compensar programas antiguos de conducta y crear y aprender nuevas formas de ser, estar y de hacer en el mundo.

Como afirma Mario Alonso, «necesitamos empezar a hacernos nuevas preguntas y hay que empezar a mirar en lugares diferentes y no donde siempre hemos mirado».

La persona que trabaja en sí misma aprende a compensar su configuración inicial, la que fue moldeada por los traumas vividos, sus automatismos y tendencias iniciales son reconocidos y compensados, se atiende a sí mismo de un modo más cuidadoso, con menos ataques, más permiso vital, y la relación con los demás es vivida de un modo más nutricio y menos amenazante. Se trata de remodelarnos. La antigua víctima toma una posición proactiva y decide sanarse. Las secuelas son puertas para sanar los traumas que se esconden tras ellas.

Esta transformación puede ir o no acompañada de cambios profundos en cuestiones filosóficas, espirituales o religiosas. E implica un trabajo de conciencia y de esfuerzo para reconocer los propios sufrimientos y cómo estos nos condicionaron. Es como un proceso de deshacer nudos y malentendidos que se vivencian en distintas situaciones desde hace años.

La función sana de este mecanismo de repetición es que nos permite reelaborar nuestra respuesta y sanar nuestros dolores antiguos. Tenemos una nueva oportunidad. El trauma no cesa de repetirse hasta que es metabolizado o elaborado, busca ser sanado: «Cuando pude llorar y sentir mi ira porque mi padre nunca me reconoció, pude liberarme de buscar el reconocimiento de parejas y amantes». La herida pide ser atendida a través de sus secuelas. Registrar los síntomas nos permite curar la enfermedad, o hacer que esta nos afecte menos.

Podemos revivir la experiencia en el plano emocional para que, esta vez, se pueda soltar finalmente la energía estancada. De ahí la importancia de hacer duelos y de aprender a soltar lo que nos dolió. La vida da muchas oportunidades para sanar lo que fue dañado.

> Necesitamos visión, paciencia, tenacidad, humildad y esfuerzo para deshacer nuestra maraña existencial y salir del laberinto donde nos metimos ante la actitud paterna. Por encima de todo, poner mucha atención. Necesitamos mucha atención para reconocer y deshacer lo antiguo para crear lo nuevo.

En palabras de Mario Alonso: «Sea usted el dueño de su atención. El precio de la libertad es la vigilancia permanente. Recuerde que donde vaya su atención irán sus emociones y su energía. Donde ponga su atención se hará siempre más real para usted». Solo podemos trabajar con lo que hacemos consciente. Donde ponga la luz de su conciencia iluminara sus sombras.

No solo nos influyen los grandes traumas, sino también los medianos y pequeños. Y sus efectos emergen en situaciones de gravedad alta, media o incluso baja: «Me cuesta mucho despedirme de mi hijo en la escuela», «Decir que no es como un sacrilegio», «Constantemente me hago cargo de los demás», «Les tengo miedo a los hombres», «Soy incapaz de mantener una relación de pareja», «Cada Navidad me deprimo», «Me la paso muy mal en los funerales»...

¿Cuál es nuestro desafío vital?

Consiste en afrontar las situaciones que nos son difíciles para salir de la repetición tóxica, que solo nos llevan a un sufrimiento inútil y circular, y poder encontrar formas nutricias de procesar y digerir lo que vivimos. Se trata de salir de espirales o laberintos que arrastramos como lastres del pasado: «Cada vez me es más fácil decir que no, y no me hundo en la miseria si no hay nadie con quien salir», «Me empiezo a dar placer sin sentirme culpable».

La sanación es más que posible, Lawrence G. Calhoun y Richard Tedeschi, profesores en la Universidad de Carolina del Norte, afirman que «los reportes de crecimiento a continuación de un trauma superan ampliamente los reportes de desórdenes psiquiátricos».

El crecimiento no es fácil o libre de sufrimiento, incluso se da en etapas de considerable sufrimiento y problemas psicológicos, cuando más a mano está el dolor o menos lo podemos negar: «Cuando me divorcié, la pasé muy mal, pero pude arreglar muchos problemas internos».

Pero sufrir por sufrir no es necesario. Podemos pasarnos la vida sufriendo por las mismas cosas, por eso es urgente hacer un trabajo interior. Posiblemente fue mi niño interior el que me llevó a terapia.

La idea del crecimiento postrauma es entrar en un sufrimiento fértil que nos ayude a crecer, como esos masajes que nos duelen, pero después sentimos el cuerpo liberado. Lo que buscamos es que el dolor antiguo deje de doler, entrando con nuestro cuerpo, corazón y mente en el dolor original para trascenderlo y soltarlo al fin, aunque de vez en cuando sangre la herida, ya no nos afecta en exceso, finalmente se trata de cicatrizarla para que ya no nos infecte.

Crecer implica conciencia y esfuerzo. En contrapartida, este crecimiento aporta una gran dosis de satisfacción y de empoderamiento, nos hace más sabios.

Como vemos, sanar nuestro niño interior nos provee de muchas riquezas.

> Lo doloroso se transforma al fin en valiosas ganancias que nos permiten acercarnos con convicción a nuestra felicidad.

Estos cambios positivos incluyen mejoras en las relaciones, nuevas posibilidades en la vida personal, una mayor capacidad de intimidad, mayor autoconfianza, autoafirmación y autopermiso, mejor valoración de la vida, un sentido mayor de fortaleza personal, mayor compasión por el dolor propio y ajeno, y desarrollo de una vida espiritual. Podríamos nombrar estas ganancias como el tesoro del trauma, esto es lo que buscamos sanando al niño herido.

TRANSFERENCIA Y CONTAMINACIÓN

Cómo los traumas infantiles nos afectan en la adultez ha sido una cuestión muy atendida en la historia de la psicología.

Ya desde el psicoanálisis, se tuvo siempre en cuenta el fenómeno de la transferencia. Se llama transferencia a aquella situación actual que nos conecta con una situación antigua, en la cual se importan/transfieren vivencias antiguas, mayormente angustiosas o desagradables. La persona revive algo antiguo en el presente. Recuerdo un padre que al asistir a la visita guiada de una escuela tuvo que sentarse en las escaleras y se puso a llorar, revivió todo lo mal que lo había pasado en su escuela.

Tomar conciencia del momento en que se da la transferencia nos permite atender la emocionalidad antigua que no fue elaborada, objetivar lo que nos está sucediendo, reducir el sufrimiento asociado, soltar tensiones y lastres antiguos, y orientarnos de un modo sano en una situación que nos afecta en exceso. Es una información potencialmente útil para nuestro bienestar y nos permite ampliar nuestros recursos emocionales y relacionales. «Ahora ya no me afectan las personas invasivas como mi madre».

Registrar lo transferencial, ubicar el dónde y el cuándo nos permite entrar a trabajar con las heridas y sus secuelas para poder dejarlas atrás y reorientarnos en la experiencia presente.

Ejemplos de transferencia detectada:

- «La forma de tratarme de Eva me destrozó; se parecía al ataque continuo de mi padre».

Orientación nutricia actual: «Está claro que ella no me hace bien, tengo que salir de ese tipo de relaciones y guiarme por mi autocuidado».

- «Me puse muy nervioso en el examen de manejo, reviví lo mal que lo pasaba en los exámenes de la escuela, caí en pánico».

Orientación nutricia actual: «Pude llorar lo solo que me sentía en la escuela, medité cinco minutos antes del examen y me conecté a mi poder adulto».

El autoconocimiento nos facilita reconocer qué situación nos resulta difícil o fácil, y ver formas de compensarnos y atendernos para orientarnos de un modo nutricio.

Se trata de abrir nuevos caminos, nuevas formas de ser, estar o hacer que nos permitan establecer nuevas conexiones sinápticas y salir de las antiguas.

Por ejemplo, cuando nos decimos «en Navidad la paso mal porque se me hace presente la muerte de mi madre», es importante buscar formas de atender este dolor, no para que desaparezca, sino para gestionarlo y que no contamine todo nuestro sentir presente.

Desde el análisis transaccional se denomina «contaminación» cuando el estado niño «posee» el estado adulto.

¿Qué produce esta contaminación?

Que la persona adulta perciba y sienta una situación actual desde los mismos miedos, anhelos y necesidades del niño que fue. El pasado invade el presente. Algo o alguien del presente detona la herida del yo niño, y este invade/eclipsa al yo adulto. Ejemplos de contaminación:

- «Fui incapaz de decirle que no quería ir de vacaciones con ella, me sentía pequeña y sin derecho a decírselo».
- «Odio las despedidas, siento que algo se rompe para siempre, las evito y la gente se enoja conmigo por no dar la cara».

Si las necesidades del niño no fueron cubiertas ni su dolor elaborado, el adulto está contaminado por el modo niño. Entonces la persona basará su comportamiento en percepciones, sentimientos y en pensamientos antiguos de su niño. Su modo infantil contamina la situación presente y eclipsa percepciones, sentimientos y pensamientos autónomos relacionados con su potencial adulto actual.

¿Cómo es el proceso?

El niño que llevamos dentro entra en pánico, angustia o en duda y entonces la memoria infantil desbanca al poder adulto. El estado niño puede interferir de muchas maneras con el estado adulto distorsionando la percepción de situaciones o personas, y respondiendo de un modo limitado a estas:: «Para mí decir "no" es rechazar a alguien», «Siempre me dejo llevar por los demás», «Tengo pánico a que me excluyan si me enojo».

En situaciones presentes parecidas a nuestro trauma infantil, se activa nuestro programa niño, y este toma el poder de la situación. En estas contaminaciones la persona cree estar funcionando con su estado adulto, pero el poder perceptivo y ejecutivo lo toma su estado niño, con lo cual la proporción situación *versus* capacidades personales se ve claramente distorsionada, y nuestros recursos se perciben menores, escasos, nulos o insuficientes. De repente, en esta especie de «posesión» un hombre de cuarenta y cuatro años pasa a poseer los recursos de un niño de siete años. Lo antiguo contamina lo actual: «Mi ex me conecta al abandono de mi madre, no sé qué hacer con mi vida desde hace dos años», «Si me siento maltratado, me aíslo en mi habitación y no me defiendo».

En suma, el adulto no responde desde sus recursos, se empequeñece y no usa o pierde su potencial actual. Sufre una especie de amnesia de todo lo que ha aprendido por el camino. Lo traumático produce amnesia, nuestro organismo revive los recursos antiguos y la angustia infantil congela los actuales. En este revivir, decir un simple «no» a alguien se percibe como una gran montaña, es entonces cuando el niño herido y asustado ocupa el lugar del adulto, es una especie de posesión.

A mayor daño ocurrido es más fácil que se dé el fenómeno de la transferencia y de la contaminación. El modo supervivencia está más instaurado y no permite discernir con claridad lo real de lo imaginado, o el dolor antiguo del presente. A la persona le cuesta más aceptar que se puede vivir de otra manera. Si el niño sufrió abusos, el posterior adulto no percibirá posible que alguien le quiera ayudar de forma altruista.

A menor conciencia de la transferencia o la contaminación, más fácil y frecuentemente se da esta. El no conocernos no nos permite sanar nuestras heridas y buscar otras vías de actuación que no sean más saludables. Conocer nuestro vehículo nos permite aprovechar todo nuestro potencial, así como saber qué piezas del coche no funcionan o deben ser reparadas, pudiendo así circular mejor por la vida.

La conciencia nos permite compensar nuestras tendencias adquiridas: «En terapia vi que tengo un problema a la hora de poner límites, intento prestar atención a lo que necesito en mis relaciones y no en evitar conflictos».

El director de teatro, cine y ópera británico Peter Brook afirmó al respecto que «todos somos un campo de batalla». Niño y adulto luchan por el trono del yo, y en distintos momentos aspectos de nuestro yo infantil, ya sea nuestro niño rebelde, niño sumiso, niño caprichoso, niño triste, etcétera, se apoderan de nuestra adultez. Nuestro yo adulto debe luchar por liberarnos de la guerra infantil, acogiendo y rescatando a nuestro yo niño. El trabajo terapéutico nos permite entrar en una «guerra de liberación».

¿Desde dónde hacemos o decimos las cosas?

¿Estás en el niño o en el adulto?

Solo a través de la toma de conciencia de nuestro dolor original podemos sanarlo y equilibrar nuestras vivencias en las relaciones por las que transitamos, pudiendo finalmente liberarnos de nuestro estrés postraumático y aprender a gestionar actitudes y acciones que nos sanan desde la frescura de lo nuevo.

El cambio pide transitar nuestro sufrimiento y pasar a la acción, para alcanzar una mayor coherencia y salud: «Finalmente pude manifestarle a mi madre que me duele que me trate como a una loca», «Decidí no ver nunca más a mi ex».

La sanación del niño herido posibilita un cese de nuestra batalla interna, para ello, y como afirmó el mismo Brook, «La única respuesta es una mayor conciencia».

DE QUÉ NOS DAMOS CUENTA AL PONER CONCIENCIA EN NUESTRAS RELACIONES

Lo antiguo que se actualiza en el presente me informa de lo que me mueve y conmueve, de lo que no fue atendido y de que ahora sí puedo atender y gestionar situaciones de una forma mejor y con un final más feliz y amable para nosotros mismos: «Darme cuenta de lo que se me mueve en las despedidas me facilita atender a mi necesidad de acabar bien con alguien sin por ello traicionarme», «Ya tengo encajado que el amor de mi madre no lo podré recibir de nadie, y ya no se lo pido a nadie, me siento anclado a mí mismo», «Mi parte caprichosa la contengo a la hora de tomar decisiones económicas, no soy como mi madre».

Que somos hijos de una relación, y nos desarrollamos a partir de ella, es el fundamento del vivir. Vivimos y existimos en esas relaciones. Como niños venimos al mundo con un *software* original dispuesto a activarse y a tener relaciones sanas.

El daño que reciba este *software* original condiciona en mayor o menor medida la competencia existencial del adulto.

Nuestros antiguos virus dejan secuelas en nuestra vida y afectan a nuestro funcionamiento adulto si no son saneadas o compensadas de forma consciente. Estas secuelas las vivimos en las relaciones, ¿dónde si no?, ya sean con uno mismo, con situaciones o temas vitales (el dinero, la higiene, el poder, el sexo, etcétera) o con un otro significativo.

Atender las heridas pide transitar por lo relacional. Como decía Shakespeare, «lo mismo que fue tu veneno puede ser tu vacuna». En sí una terapia es una relación que te permite atender otras, dándote cuenta de cómo las viviste o las vives y alcanzar finalmente el bienestar y la redención: «Cada vez me doy más espacios de disfrute», «Últimamente ya no pienso tanto en el pasado», «Decir que no ya no es dramático», «Ya no sobredimensiono las opiniones de los demás».

En síntesis, cada repetición es una oportunidad para sanar la herida. Como toda oportunidad, es conveniente no dejarla pasar. Esta es la gran función sana de la repetición: cada repetición traumática es una oportunidad de sanación.

¿Qué nos permite entonces el autoconocimiento?

Reconocer las secuelas de nuestras heridas, profundizar en ellas, metabolizarlas, digerirlas, disolverlas y soltarlas. No es poca cosa. Los dioses nos dieron la conciencia para que nos pudiéramos autosanar. Y autosanarse es posible.

Reconocer las secuelas

Al saber por dónde hemos transitado y en qué fuimos dañados, podemos reconocer nuestro dolor y sus secuelas, comprender las dificultades que vivió nuestro niño, qué estrategias de supervivencia usó (el aislamiento, la intelectualización, la sumisión o la rebeldía, el falso narcisismo, la imagen, el control, etcétera) y atender a sus antiguas y legítimas necesidades, para al fin abrazar y cobijar a nuestro yo íntimo de un modo amoroso.

A la vez, este proceso de conciencia nos permite reconocer una posible tendencia en una posible crianza y así poder compensarla. Es posible que un padre que sufrió una herida de abandono quiera evitar a toda costa producirla en su hijo, pero entonces también es posible que actúe como padre sobreprotector. Y quizá alguien que viene de la sobreprotección considere que esto es lo normal e ignore todo el daño que produce a su hijo con una actitud sobreprotectora. O que lo deje ir a la deriva cuando él sufrió debido a esa actitud.

La enfermedad del niño herido busca ser sanada a través de sus síntomas.

LAS CONSECUENCIAS DE NUESTRAS HERIDAS

En la vida adulta, las consecuencias de nuestras heridas varían mucho en cada persona y se traducen en formas disfuncionales de relacionarnos con uno mismo, con los demás y con la vida.

Son secuelas básicas de las formas de relacionarse las que siguen:

Codependencia

La persona no tiene bien diferenciado su «yo soy». La diferenciación no ha sido resuelta. No le resulta suficiente la propia autoafirmación o autocriterio.

Los síntomas:

- Se confunde o confluye en exceso con los demás.
- Se hace cargo de cuestiones que no son suyas, se diluye o se funde con el otro.
- Está demasiado pendiente de los demás, como un niño que sigue hiperatento e hipervigilante a las reacciones de la madre.
- Pone su valor o estado emocional en manos de los demás. El otro tiene demasiada importancia y le afecta demasiado. Si el otro está bien, él está bien; si el otro no está bien, él tampoco está bien.
- Presenta poco sentido interno del yo. El yo depende del tú.
- Se autocuestiona en exceso: «Me sigue afectando demasiado el qué dirán», «Me quedé pensando dos horas de reloj en lo que me dijo Paula».
- La codependencia puede derivar en obsesión, hipercontrol, celos, paranoia, romanticismos exagerados, etcétera.

EJERCICIO: Para la codependencia

Cierra los ojos, respira, siente tu cuerpo desde dentro.

Recuerda relaciones en las que te perdiste, en las que te dejaste hacer daño o manipular. Evoca esas situaciones de codependencia.

Reconoce en ellas a tu niño herido y envíale ternura y cobijo, háblale de cómo has aprendido o estás aprendiendo a mantenerte en tu centro vital en las relaciones.

Dificultad para vivir en el yo igual

La persona se pone por encima o por debajo de los demás. Le cuesta vivir las relaciones de igual a igual. Y se instala en el yo superior o en el yo inferior.

Los síntomas:
Desde arriba, se ofende o controla a los demás, necesita sentir que tiene controladas las situaciones relacionales desde el poder. Desde abajo, se posiciona en una sumisión/resignación que menoscaba sus recursos y comporta un escaso disfrute de lo relacional. Ambas posiciones provienen de un niño pobre que no cree en su valor *per se*, no se nutre de las relaciones y pierde el intercambio que se da en estas de un modo fluido, dinámico y espontáneo.

La vergüenza tóxica

En el niño herido existe una vergüenza íntima por el abandono o el maltrato de los padres, como si fuera culpable de haber sido maltratado, como si existiera algo que justificara el daño recibido. Ser maltratados nos avergüenza, más si lo fuimos por nuestros amados padres. Se experimentó un «no era suficiente para mi tribu» cuando era la tribu la que no era suficientemente cuidadora.

Esta vergüenza produce una separación del yo con el yo. No acabamos de tomar todo nuestro ser y nuestro poder personal.

Nuestro niño interior intenta salvar la imagen de sus padres y lleva un peso que no es suyo. No se da cuenta de que no nos merecemos cargar con la vergüenza de nuestros padres. Ellos deberían estar avergonzados y disculparse, no nosotros.

Los síntomas:

Falta de amor propio. Experiencia de pobreza interna.

No está contento de quién es, existen partes de él por las que aún siente vergüenza de tener o mostrar. Es necesario una dignificación de todas las partes de uno mismo.

Vive el no ser acompañado o la soledad como un hecho vergonzoso, que denigra. No se siente con una dignidad igual a sus prójimos.

Irse al otro extremo para desconectar de la propia vergüenza, e investirse de insolencia: «La paso muy mal si me ven triste», «Solo sé bailar cuando bebo», «No me gusta ir al cine sola», «Me mostraba despreocupada, pero en realidad tenía mucho miedo», no sana nuestro dolor, es otra forma de desconectarse de la herida primaria y de autoengañarse, creyendo que ya está resuelta.

Con el trabajo interior, podrá descubrir que tiene derecho a tener miedo, a tener un yo cobarde, a fallar, a perder de vez en cuando, a dudar... En definitiva, a ser imperfecto, a tener limitaciones y debilidades. La vergüenza es un ataque interno a tu dignidad sagrada. En el fondo, la poca dignidad interior es una consecuencia del rechazo paterno, pues los padres nos dan o quitan dignidad, son la fuente original de amor y valor personal. Sin embargo, debemos convencernos de que nunca hubo nada malo en nuestro niño original, los niños son solo niños. Es sano abrazar el sentimiento de ser imperfectos, y soltar nuestra sensación de poca dignidad de ser y de no dar la talla.

El adulto debería conectar con esta vergüenza íntima para abrazarla y poder sanarla y así disolverla definitivamente.

EJERCICIO: Abrazar nuestra vergüenza

En postura sentado, coloca un cojín enfrente de ti y evoca una situación de vergüenza que viviste en tu infancia.

¿Qué edad tenías en ella?

Respírala como si estuvieras en ella, mantente en ella. Toma el cojín, que simboliza a tu niño en esa escena.

Contacta y abraza a ese niño avergonzado, cobija su vergüenza. Déjate sentir las palabras que te nace manifestarle.

La vergüenza tóxica aprovecha cualquier fisura para hacernos sentir indignos; al sentirla y validarla, iluminamos de nuevo nuestra dignidad intrínseca.

En síntesis, es importante reconocer estas secuelas y trabajar en ellas, no para negarlas ni menospreciarlas, sino para darse y ocupar un lugar de dignidad absoluta. De un modo natural, acogiendo a nuestro niño metabolizamos nuestra vergüenza: hizo lo que pudo, nos conectamos a la autocompasión y a la autovaloración. Dejamos de sentirnos menos al soltar la antigua vergüenza. El adulto debería reconocer su dolor y su esfuerzo. Resistió. Fue un campeón. Suelta los lastres que te dieron o que tomaste.

Para ampliar la toma de conciencia es necesario pasar por el túnel para poder salir de él. Nuestras heridas infantiles nos limitan si no trabajamos en ellas. En palabras de Ernesto Sábato: «En todo caso había un solo túnel, oscuro y solitario: el mío, el túnel en el que habían transcurrido mi infancia, mi juventud, toda mi vida».

Dificultades narcisistas

Al estar el yo dañado, el narcisismo primario saludable que requiere el vivir, es decir, un equilibro entre sentirse único-especial y sentirse uno más, está fisurado o balanceado hacia un lado.

Muchos adultos muestran un narcisismo falso. En el fondo la persona no se quiere y, si escarbamos un poco, hallamos un agujero en la personalidad que deriva de una herida de amor temprana. Aquí el adulto vive hiperpendiente de necesidades de reconocimiento, eficacia, atención y afecto de forma desmesurada. Y cuando se le dan estos alimentos psicológicos, no los digiere, van a saco roto, debido a que el niño interior sigue en angustia; al no asimilar la comida que se le da, sigue teniendo hambre y no se nutre, sigue siendo pobre.

Los síntomas:

Lo que gana no es suficiente, nunca lo será.

Demanda y demanda, su sed de reconocimiento y su valía no son saciadas.

Distintas formas disfuncionales de búsqueda de amor más o menos graves:

- Búsqueda constante de bienes materiales.
- Búsqueda de fama.
- Necesidad de ser admirado.
- Pedir reiteradamente el halago o la confirmación.
- Buscar afecto en contextos inadecuados, buscar ser una diva en el trabajo o el reconocimiento emocional de un jefe.
- Buscar el amor perfecto.
- Cualquier adicción a sustancias tóxicas, deportes de riesgo, al sexo o a cualquier elemento que aporte golpes de éxtasis.
- Búsqueda de acciones en pos de crear una imagen, soy lo que hago, el ser es eclipsado por el hacer o el parecer.
- Manipular a los demás para ser visto.

Estas búsquedas se convierten en una gran fuente de sufrimiento; el niño no encuentra consuelo, por más eficaz que sea no halla el amor propio. Se vive en un yo que busca la caricia original que no fue, o se engancha a la que sí existió: «Hasta que no encajé el no reconocimiento de mi padre, mi vida y mi trabajo nunca me eran suficientes».

EJERCICIO: El reconocimiento de los padres

Cierra los ojos, respira, déjate sentir en el cuerpo lo siguiente:

- ¿Qué es el reconocimiento para ti?
- ¿Dónde lo sientes?

Después, pregúntate:

- ¿Necesitas sentirte reconocido o necesitas ser admirado? Sé honesto contigo mismo.
- ¿Tienes el reconocimiento de tus padres?
- ¿Fuiste reconocido por tu madre o por tu padre?
- ¿Qué te hubiera gustado que te dijera tu madre? Anótalo al concluir esta experiencia.
- ¿Qué te hubiera gustado que te dijera tu padre? Anótalo al concluir esta experiencia.

Actitud defensiva

La persona vive en una posición defensiva ante las relaciones. Esta actitud implica una tensión constante para el organismo, ya que las relaciones humanas se viven como amenazantes. El organismo en modo defensivo se tensa.

Los síntomas:
El ataque es la mejor defensa.

Cualquier atisbo de ataque es vivido de forma dramática.

Es necesario aclarar cualquier malentendido para vislumbrar y confirmar si ha existido un ataque. Las relaciones son vividas de un modo conflictivo o problemático.

Camina por la vida con una diana para confirmar de nuevo que los demás tiran dardos.

Se mantiene hiperalerta y vigilante: «Si me hicieron daño antes, ¿por qué no puede volver a pasar?». Esta hiperalerta se basa en hechos antiguos reales completamente ciertos que justifican una percepción amenazante de la realidad actual.

La duda aparentemente razonable carcome a la persona: «Si incluso mis sagrados padres me hicieron daño, quién me dice que fulanito no lo hará».

Va por la vida en sobrealerta, como un tanque o un soldado universal esperando el siguiente disparo, y se dice frases como: «Siempre estoy agotada después de un evento social, soy una torpe social», «Me pongo superneurótico en las fiestas de empresa», «No sé ni vivir ni relacionarme», «El mundo es una mierda»...

Poner conciencia en esta secuela nos permitirá limpiar nuestra mirada, remirar el mundo y a las personas, discernir entre el enemigo y el amigo, y deshacer un montón de malentendidos y películas que nos hacemos desde nuestra mente herida.

EJERCICIO: Defenderse en lo relacional

Piensa e identifica cuál es tu miedo nuclear en las relaciones sociales. Por ejemplo: ser humillado, ser traicionado, ser abandonado, etcétera.

¿Cómo te influye este miedo (o estos miedos)?, ¿cómo te condiciona?, ¿qué te da y qué te quita?

¿Qué es lo peor que puede pasar en las relaciones sociales? ¿Te ha sucedido alguna vez? ¿Hace cuánto que no te pasa?

Estos temores, ¿a qué persona significativa de tu biografía te conectan?

Escribe acerca de dos momentos en los que sientes que tu padre te falló, y después haz lo mismo con tu madre.

Retroflexión y aislamiento

El adulto se hace a sí mismo lo que le hicieron, eso es la retroflexión. «Mi madre me maltrató, ahora me maltrato yo.» Este mecanismo psicológico significa literalmente «volverse atrás intensamente en contra». Con la retroflexión, redirigimos la acción interna que busca salir al exterior hacia dentro; así podemos llegar a ser nuestro peor enemigo y desarrollar excesiva culpa o depresión en vez de accionar en el exterior y aprender a manifestar lo que necesitamos de un modo asertivo-honesto. Además, el hecho de retroflectar nos lleva al aislamiento, ya que pasamos de relacionarnos con el exterior a vivir en una relación «yo»-«yo». Como no daban espacio a nuestra experiencia, nosotros la escondemos de nuevo y nos aislamos con ella.

Los síntomas:
Implosionar las propias emociones, comerse el enojo o la tristeza, en vez de comunicarla a la esposa o al vecino: «Tu comentario de ayer me dolió mucho». Esta implosión puede derivar en somatizaciones.

Aislarse: la persona se encierra en su cueva con su material introyectado, sea ira, amor, celos, miedo, etcétera.

Introyectar nutre nuestra sensación de soledad. Se confirma que el universo es hostil y estoy solo ante el mundo.

Se mantienen las dificultades de expresión emocional y el dolor se almacena, lo cual desvitaliza o aumenta el resentimiento con el mundo, las personas y uno mismo. El dolor no gestionado se deposita en el cuerpo, no se disuelve.

Se alimenta el miedo a las emociones, a su gestión explosiva, al no aprender a comunicar el dolor.

Se enoja con alguien y en vez de usar esta energía para afirmarse ante la otra persona, se culpa por no haber expresado una acción de enojo o por no haber actuado de otra manera. La posibilidad de autoafirmación se transforma en autodesgaste.

La persona se trata como fue tratada por el cuidador primario: «Si me trataron mal cuando me equivocaba, la respuesta automática interiorizada por cualquier fallo que cometo es autocastigarme». El niño considera que es tratado como se merece o se habitúa a esta manera de actuar, y, *a posteriori*, el adulto reproduce por sí mismo el trato que recibió. Es necesario finalizar la dinámica de maltrato interno y aprender a ser amable con uno mismo.

EJERCICIO: El autoataque

Completa las siguientes frases:

- Me sigo atacando a mí mismo cuando...
- Me sigo atacando a mí mismo cuando...
- Me sigo atacando a mí mismo cuando...

Ejemplo: «Me sigo atacando a mí mismo cuando me equivoco».

- No me gusto cuando...
- No me gusto cuando...
- No me gusto cuando...

Ejemplo: «No me gusto cuando estoy triste».

- Cuando me estoy atacando necesito...
- Cuando me estoy atacando necesito...
- Cuando me estoy atacando necesito...

Ejemplo: «Cuando me estoy atacando necesito darme calma o bien un abrazo de alguien».

- Sigo escondiendo mi...
- Sigo escondiendo mi...
- Sigo escondiendo mi...

Ejemplo: «Sigo escondiendo mi tristeza».

Dificultad para la entrega y el amor

Le cuesta entregarse en las relaciones íntimas. Al ser hijos de las relaciones, somos influidos por los traumas que vivimos en ellas, lo traumático se cierra en sí mismo y cuesta abrirse a nuevas formas de relación. El niño traicionado en lo íntimo se resiste a exponerse en las cortas distancias, el organismo se contrae y pierde el ritmo natural de expansión-contracción. El corazón se encierra en sí mismo para no ser dañado de nuevo.

Los síntomas:

Cancelación o miedo a lo tierno.

Dificultad para vivenciar, expresar y sostener la ternura. Tacañería emocional y de actitudes altruistas.

Introversión y timidez ante lo emocional.

Falta de exploración de vivencias amorosas y emocionales. Confusión entre ternura y erotismo.

Poca compasión hacia uno mismo.

El cuerpo se resiste a exponerse y a la posibilidad de volver a ser dañado en lo más íntimo: «Me cuesta ser tierno con mi esposa», «Nunca he intimidado con una mujer».

En síntesis, lo traumático no sanado se perpetúa, por eso es necesario atender a la herida para abrirse progresivamente a lo nuevo y confiar de nuevo en que no seremos traicionados. Es necesario volver a poner el corazón en el vivir. Sin corazón, esta vida es grisácea.

EJERCICIO: Corazón dañado, entrega dañada

Lleva una mano a tu corazón.

Visualiza tu corazón por dentro. Imagina cómo es su interior. ¿Qué colores o formas observas?

En él hay una zona que está ennegrecida, esta es una zona dañada. Contempla esta negrura. Respírala, apórtale oxígeno. ¿Qué es lo dañado en tu corazón? Por ejemplo: la fe, tu ternura, la capacidad de entregarte en una pareja, etcétera.

Déjate sentir las emociones o las sensaciones que acompañan a esta sensación de negritud.

Abre los ojos, date un respiro y pregúntate qué acciones te puedan sanar. Por ejemplo: confiar en tu pareja, retomar una amistad o darte espacios de quietud.

Base depresiva

Por más que el adulto consiga y construya un proyecto de vida, no se siente satisfecho, perdura una melancolía de fondo que inunda el vivir y la mirada hacia uno mismo.

Los síntomas:
No se cree en la felicidad. O que sea posible.

Se mantiene escéptico y pesimista. Mirada negativa y crítica.

Siente rota su conexión innata a la alegría. Dificultad para vivenciar lo alegre.

Pérdida de fe y vitalidad natural: «En el fondo sigo tan triste como cuando tenía diez años y mi padre se fue de casa».

En síntesis, es necesario encajar y elaborar la pérdida para soltarla y caminar hacia el futuro. Lo que no fue no fue. Existen bolsas de tristeza en nuestro interior, es vital entrar en ellas y llorar todo un río si es necesario para después partir hacia la vida de una forma ligera. La tristeza nos permite soltar pesos.

EJERCICIO: Niño triste y niño contento

Evoca una escena infantil triste y responde:

- ¿Quién está en la escena?, ¿o estás solo?
- ¿Cómo sientes esta tristeza en tu cuerpo? Respírala sin modificarla.
- ¿Qué es lo que te conecta a esta tristeza?
- ¿Qué la detona?

Sigue poniendo conciencia en tu respiración; al exhalar siente que lentamente vas soltando partículas de tristeza.

Gradualmente evoca una escena de alegría de tu infancia, conéctate con la alegría de tu niño interior en esa situación, dónde la sientes en el cuerpo, qué te dices en ella, cómo la experimentas en el cuerpo. Déjate sentir la alegría que viviste más allá de todo, a pesar de los pesares.

Ahora imagina cómo tu niño triste y tu niño contento se funden en un abrazo.

Ancla en tu cuerpo con una mano allí donde sientes esta unión. Este lugar en tu cuerpo es un espacio sagrado al cual puedes ir cuando transitas la polaridad tristeza-alegría. No olvides su existencia. Ambos niños existen.

Dificultad para reconocer, sostener y gestionar las emociones básicas

La persona no tiene construida una base de neutralidad o serenidad que le haga de apoyo para experimentar las emociones que surgen en el vivir. Las vive como desbordantes, amenazantes, despreciables o desestructurantes. Se cancela nuestro nivel emocional y así perdura el traumatismo emocional vivido.

Esta dificultad se traduce a su vez en distintas variantes:

- *Fobia a lo emocional*. La evitación como actitud general ante las emociones. Si no me emociono, no sufro.
- *Deflexión emocional*. La persona desvía el contacto con sus emociones: «Si detecto que estoy un poco triste, me pongo a ver la televisión».
- *Vivencia desagradable de lo emocional*. Si al niño no se le facilitó asimilar y transitar sus vivencias emocionales, pasa a vivir lo emocional como perturbador o vergonzoso: «La paso muy mal cuando estoy triste».
- *Desborde emocional*. La persona se hiperconecta y se pierde en lo emocional. «Cuando me enojo me ciego», «Si conecto con la tristeza me siento abrumado».
- *Desprecio de lo emocional*. Las emociones son consideradas como un acto naíf o infantilizado. En este acto aparentemente maduro se desprecian las

emociones vividas por nuestro niño. Imagínate manifestarle a tu niño interior que «tus emociones no son importantes».

EJERCICIO: Lo fácil y lo difícil

Teniendo en cuenta las cuatro emociones básicas (alegría, tristeza, enojo y miedo), reflexiona y escribe:

- ¿Cuáles son las dos emociones que te resultan difíciles de gestionar en tu vida cotidiana? Por ejemplo: la tristeza y el enojo.
- ¿Cuáles son las dos emociones que te son fáciles de gestionar en tu vida cotidiana? Por ejemplo: el miedo y la alegría.
- ¿Cuáles son las dos emociones que te resultan difíciles de sostener en tu vida cotidiana? Por ejemplo: «Me cuesta habitar mi enojo», «Me es difícil estar alegre mucho rato».
- ¿Cuáles son las dos emociones que te son fáciles de sostener en tu vida cotidiana? Por ejemplo: «En verdad estoy cómoda sintiendo miedo».
- ¿Cuáles son las dos emociones que te son difíciles de reconocer en tu experiencia cotidiana? Por ejemplo: «Me cuesta reconocer mi miedo».
- ¿Cuáles son las dos emociones que te son fáciles de reconocer en tu experiencia cotidiana? Por ejemplo: «Me es fácil ver mi alegría».
- ¿Cuáles son las dos emociones que te son difíciles de reconocer en otra persona de tu vida cotidiana? Por ejemplo: «Me cuesta reconocer si alguien tiene miedo».
- ¿Cuáles son las dos emociones que te son fáciles de reconocer en otra persona en tu vida cotidiana? Por ejemplo: «Me es fácil ver el enojo de los demás».
- Y la última pregunta: ¿Cuáles son las dos emociones que marcaron tu infancia?

Dificultades con la autoridad propia y ajena, y con la disciplina

En esta secuela se vive la autoridad y la disciplina de un modo negativo, dañino o desagradable, no se aprecia su aporte. Aunque a veces sea un sufrimiento, la disciplina nos ayuda a reducirlo y a alcanzar nuestras metas. Puede ser un gran apoyo para perseguir y alcanzar nuestra felicidad. La disciplina inicial es interiorizada por un modelo de autoridad que nos ayudó o traumatizó lo disciplinar. No es vivida como un esfuerzo para uno mismo, como un cultivo sano de crecimiento personal.

De igual modo, los niños necesitan de una autoridad que se ubique en un punto medio entre el autoritarismo déspota y la ausencia de límites. Sin este modelo de autoridad sana-orientativa, que nos ayuda a protegernos, ordenarnos, cuidarnos y ubicarnos, nuestro niño interior camina por la vida sin incorporar una forma de autoridad estructuradora y facilitadora.

A riesgo de generalizar, casi todos hemos tenido mayormente unas autoridades pésimas, ya fuera en casa o en la escuela. Al ser maltratados, humillados, descuidados o manipulados por nuestras autoridades originarias, no establecemos relaciones sanas con la autoridad de nuestros jefes, parejas o amigos. Surgen así mayormente nuestro niño sumiso o nuestro niño rebelde.

Esto deriva en que, ante la autoridad, nos oponemos, nos sometemos o hacemos lo que nos da la gana sin contar con el otro y volvemos a nuestro aislamiento inicial. Se vive la disciplina de un modo sufriente y nos autosaboteamos. Es necesario para el buen vivir que seamos una autoridad sana para nosotros mismos: «Siempre postergo las cosas», «Me es imposible seguir una dieta», «Nunca acabo nada».

Los síntomas:
Dificultades y posibles conflictos con figuras de autoridad, jefes, policías, propietarios, etcétera.

Disciplina de autocuidado deficiente, escasos cuidados de salud, mala higiene, alimentación tóxica, etcétera. Dificultades para iniciar y concluir proyectos o finalizar tareas. Autosaboteo y alargamiento de tareas desagradables.

Escasa capacidad de ser una buena autoridad para uno mismo. Poca vivencia y conciencia de autoridades sanas.

EJERCICIO: En busca de una disciplina positiva

Piensa y responde:

- ¿En qué fundamentaba su autoridad tu padre? Por ejemplo: en el miedo.
- ¿En qué fundamentaba su autoridad tu madre? Por ejemplo: en su título honorífico de madre.

Investiga autoridades sanas de tu biografía (por ejemplo, el profesor de Filosofía de la escuela, tu primer jefe...) y responde:

- ¿Qué te gustaba de estas personas?
- ¿Qué puedes tomar de ellas?

Úsalas como modelo para modelar la tuya.

Es una consecuencia nefasta que no apuntalemos una autoridad propia, que no seamos capaces de ser un buen jefe de nosotros mismos y crear una autodisciplina que nos lleve a nuestras metas y sueños. Nos saboteamos la fuerza y la satisfacción que dan la decisión de seguir una disciplina desde la voluntariedad.

EJERCICIO: La disciplina ayuda

Evoca y escribe dos momentos de tu vida en que la disciplina te llevó a un logro vital. Por ejemplo: esperar un aumento de sueldo durante un año, aprobar la selectividad...

_____

_____

_____

_____

_____

Otras secuelas

Además de las básicas, existen otras muchas secuelas, sutiles y obvias.

En todas estas secuelas, nuestro dolor original adopta distintos síntomas y disfraces que lo hacen perdurar. Por momentos, la angustia de nuestro niño se apodera de nuestro presente e interfiere en nuestro potencial, clama por ser atendida. Algo que podría ser fácil o agradable se nos hace complejo, doloroso, inaccesible, difícil y vergonzoso.

Las variantes desde las cuales asoman nuestras heridas para ser sanadas pueden ser:

- Si el modelo masculino o femenino no fue nutricio, se puede entrar en desconfianza hacia algún género o tener una masculinidad o una feminidad poco definidas o distorsionadas, e incluso no disfrutar de ellas: «Solo me siento mujer si me siento deseada».
- Existir entre el premio y el castigo. La vida no es un examen: «Ahora puedo trabajar sin ponerme nota constantemente».
- Dificultad para validar o permitirnos lo que sentimos. Lo que debería sentir prevalece ante sentir lo que se siente: «Ahora me permito estar triste».
- Vivir en la autoexigencia constante. Nos hacemos lo que nos hicieron, nos infligimos castigos, no respetamos nuestras necesidades, etcétera.
- Evitar la sexualidad, la intimidad y el compromiso, para no ser dañados de nuevo en estas zonas de vida.
- Síndrome del abandono. Ser abandonado contamina las relaciones. Cuando una persona no pudo tener una experiencia temprana de valía y seguridad en sí misma, ser abandonado de nuevo surge como un gran fantasma que aparece en cualquier relación. El fantasma del abandono nos persigue y nos aporta una gran amnesia del propio valor que poseemos por ser quienes somos. Para un niño el abandono equivale a la muerte. Se confunden separaciones o distanciamientos con abandono. Si me dicen que no o percibo que alguien me desatiende, cualquier indicio de alejamiento se traduce como un abandono: «Mi amiga me ha abandonado yéndose a vivir a Holanda».
- Escaso sentido del humor, o excesivo uso de un humor amargo. El corazón dolorido se esconde detrás de lo amargo.

- Necesidad constante de aprobación.
- Adicción a la ayuda, a que los profesionales me ayuden o a ayudar a todo el mundo.
- Desconexión con el cuerpo.
- Desconexión de los sentidos. El niño necesita escuchar y ser escuchado, ver y ser visto, tocar y ser tocado de forma amorosa. Si esta sensibilización no se dio, el niño se desconecta de su sensorialidad para sufrir menos.
- Dificultad excesiva para decir que no.
- Hipersensibilidad a sentirnos invadidos, dificultad para defender el espacio íntimo, temor exagerado a ser invadido.
- Dificultad para explorar desde la curiosidad, la ternura o el erotismo. Si nuestro instinto de exploración fue limitado, este se anula en la vida adulta.
- Maltrato emocional o físico a otras personas. A veces damos lo que recibimos. Muchos maltratadores son niños heridos desregulados.
- Vivir, esconderse y refugiarse en la cabeza para no sufrir. Encerrarse en la mente como estrategia de desconexión del daño emocional o corporal recibido. Intelectualización masiva.
- Amnesia. No tener recuerdos de etapas de nuestra infancia o de determinados espacios o contextos. Un mecanismo de defensa ante el dolor es borrar las memorias infantiles.
- Adicciones, trastornos alimentarios, conductas compulsivas, pensamientos obsesivos, etcétera.

Estas secuelas pueden acompañarnos a lo largo de nuestra vida, a menos que entremos en nuestras angustias para poder deshacerlas. Sin dar espacio al dolor no hay recompensa ni su liberación. El dolor encapsulado seguirá afectando a nuestra cognición, emoción y corporalidad a través de antiguas conexiones sinápticas que siguen enviando las mismas informaciones y respondiendo a estas del mismo modo.

En síntesis, la herida precisa ser atendida; al hacerlo, el niño interior podrá descansar, aparecer menos y aparecer más de un modo nutricio, aportando ilusión, ligereza, curiosidad y juego. Y el niño herido dejará paso al niño maravilloso y ayudará al adulto a ser feliz. No estamos obligados a vivir con estas secuelas, no nos las merecemos.

Tenemos derecho a liberarnos de ellas. Normalizarlas es una ofensa a nuestra dignidad y a nuestro potencial.

La gran secuela: la confianza básica dañada

La confianza en la vida y en uno mismo es un sentimiento profundo de base desde el cual percibimos y gestionamos el vivir. La parte esencial en el niño interior es lo que Erik Erikson llamaba, en su teoría del desarrollo de la personalidad, la confianza básica, que a menudo es la más dañada. Consiste en un sentimiento base de seguridad que adquiere el infante en su vínculo con los demás y con él mismo.

Si los padres no son merecedores de confianza, los niños se sumergen en la desconfianza, que se extrapola a los demás y a los asuntos vitales como los estudios, las amistades, etcétera. Así, el niño ve figurada su confianza en el mundo que lo rodea y en sí mismo. Cae en la confusión y la inseguridad, no tiene claro qué es lo que merece y lo que no; desarrollar su potencial sin confianza es una tarea casi imposible y épica, por eso nuestro niño herido es un héroe.

Es difícil confiar en uno mismo si la que debería ser nuestra fuente de confianza no lo hace o nos maltrata. Es difícil caminar cojos de confianza. Si el mundo no es confiable, aumenta nuestra inseguridad y nuestra alerta; las preguntas que nos formulamos son:

- ¿Merezco ser feliz?
- ¿Merezco ser bien tratado?
- ¿Soy digno de confianza?
- ¿Por qué no confían en mí?
- ¿Puedo apostar por mis capacidades?
- ¿Soy tonto?
- ¿Soy fuerte o débil?

Habitualmente la desconfianza se compensa de forma sutil o exagerada con el control, la rumia obsesiva, las adicciones, las obsesiones, la paranoia y la ambición exagerada, y tiñe la percepción y la forma de relacionarnos con los demás y con la vida misma.

Esta es quizá la secuela más grave. Muchas secuelas son hijas de esta. Es necesario restaurar la confianza en uno mismo y desde allí volver a arriesgarse de un modo adulto, desde un autoapoyo renovado desde el cual reconfiamos en lo que somos y nos arriesgamos a confiar en los demás desde nuestro autocuidado y autoestima. El niño maravilloso que habita en nosotros confía de un modo natural. Un niño, al llegar al mundo, confía *per se*, su instinto natural es confiar, no se plantea la desconfianza. Debemos trabajar en nosotros para recuperar para siempre nuestra sagrada autoconfianza original, la que nunca debimos perder.

Desde nuestro adulto, cultivar un campo de confianza implica reaprender, según el tempo de cada uno, que el otro es fiable y que el mundo exterior puede ser un lugar seguro y merecedor de nuestra confianza, aunque también sea potencialmente hostil. Necesitamos reconfigurar una confianza responsable, una confianza que se escucha a sí misma. Si me siento cuidado, me acerco; si me escucho y me siento maltratado, me alejo.

Lo que nos sucedió no tiene que volver a suceder. Quizá ahora alguien nos quiera, aunque estemos enojados o perdamos los estribos. Ubicar en nuestro corazón lo que no fue, que deje de condicionarnos y reaprender la confianza es la clave para nuestro vivir. Solo tenemos una vida. No podemos perder el tiempo que se nos concede. Y la sanación está en nuestro interior, tan cerca y tan lejos. Sanarse es un compromiso con uno mismo.

EJERCICIO: Carta de confianza

Escribe una carta a tu niño interior para que este confíe en ti y así pueda reconectar con la confianza natural ante el mundo, las relaciones y en sí mismo.

Lee el siguiente ejemplo para que después desarrolles de forma espontánea el contenido de tu carta íntima y sagrada:

Querido Jordi niño:

Eres mi niño interior, yo soy tú y tú eres yo, siempre estaremos juntos. Hemos crecido. Estamos a salvo. Superamos el pasado. Nada debes temer. Tenemos recursos para protegernos. Puedes confiar en mí. No te fallaré...

Cuando la hayas escrito, léela en voz alta ante una foto de cuando eras pequeño. Déjate sentir la experiencia que surja.

Cuando estés en la alegría o subas feliz una montaña, invita a tu niño interior a disfrutar del presente, a reconocer que existen personas confiables y que el mundo tiene lugares increíbles. Aprovecha estas situaciones para recuperar puntos de confianza. Y así vuelve a confiar en el vivir, experimenta y reconoce que nunca hubo nada mal en él, y que su lucha resiliente tuvo un sentido y un valor épico.

Para sanar a nuestro niño interior es necesario abrazar nuestras heridas desde el adulto que somos. Somos hijos del pasado y padres del futuro. Al final es nuestro adulto el que debe tomar y acoger al niño interior, más allá de los padres originales.

La riqueza o la pobreza interior

En lo profundo de su ser, el adulto se vive como un niño pobre o rico. La confianza o el rechazo de los padres aportan una vivencia de pobreza o riqueza interna.

Ser un niño pobre: «Siento que soy de segunda o tercera categoría. Mis padres me dan poco, solo lo justo para irla pasando, no me siento querido, habrá algo malo en mí; a veces me miran y me dan algún destello de amor. Estos destellos me ilusionan, mi esperanza crece y busco y espero el amor, pero vuelve a desaparecer, me frustro y caigo de nuevo en la desesperanza. Soy leal a la fuente, aunque no salga ni una gota, espero el agua sagrada del amor».

Ser un niño rico: «Mis padres confían en mí y me dan lo mejor de sí mismos aun con sus facilidades y dificultades. Me siento querido, siento su apoyo. Me cobijan desde su contacto físico, son mi casa y me acompañan en mi salida al mundo. Recibo amor y cariño porque soy digno de respeto. Soy vida. Me siento valorado y siento mi valor. Me nutren por lo que soy, no por lo que debería ser».

Existe un niño interior rico o pobre dentro de cada adulto. La cuestión es qué hacer con él. El amor nos da confianza y nos hace ricos. Su carencia nos hace pobres.

Es importante asumir de forma plena nuestra responsabilidad con nuestro niño interior y acogerlo tal y como está.

La conciencia aporta amor y confianza, por eso la falta de conciencia paterna y materna es tan dolorosa.

REVISAR LOS TRAUMAS

Metafóricamente, los traumas son el campo de batalla original en el que se producen las heridas de nuestro niño interior.

La herida infantil posee un funcionamiento bastante parecido al del estrés postraumático. La guerra acabó, pero se sigue escuchando el sonido de las balas.

De hecho, conviene recordar que hay niños heridos que han muerto debido a la profundidad de su herida, son los niños caídos, que cayeron en adicciones, psicosis o en trastornos de la personalidad. O son adultos muertos, que viven sin vivir. Otros son niños desgraciados que viven dentro de un adulto infeliz. La mayoría de los niños heridos pueden sanarse a sí mismos en una segunda educación, que no deja de ser una gran oportunidad para sanar nuestro dolor infantil.

Hasta que no sanemos a nuestro niño interior, nuestros traumas infantiles interferirán en nuestras relaciones y no nos permitirán acceder a una vida plena y, por consiguiente, obtener una relación sana con nosotros mismos.

Lo traumático no elaborado tiñe nuestro presente. Influye en nuestra percepción de las cosas y las personas, y detona emociones y sensaciones desagradables. Los traumas infantiles no metabolizados se traducen en nuestro cuerpo, en nuestra desvitalización y en un vivir a medio gas. Como si haber sobrevivido ya fuera suficiente premio. No te contentes con la supervivencia.

Sanar a nuestro niño interior nos permite liberarnos de nuestra carga neurótica.

Como decía Jung, «la neurosis es siempre un sustituto para el sufrimiento legítimo».

Generalmente, tememos en exceso ser abandonados porque hemos sufrido un abandono real o porque unos progenitores sobreprotectores querían evitar a toda costa que sufriéramos, desde su angustia o voluntad.

¿Cuál es el proceso para metabolizar el sufrimiento real?

- Reconocerlo. La negación es toda una tentación. Ya que este mecanismo de defensa nos permitió sobrevivir al impacto traumático inicial. Mira la verdad a los ojos.
- Aceptarlo y sostenerlo. Distintos mecanismos de defensa se activan para minimizar el daño recibido.
- Salir del silencio. Manifiesta tu dolor en un espacio cuidador.
- Ubicar las responsabilidades en su lugar. Tus padres eran responsables de tu cuidado. Si sientes una gran vergüenza íntima, considera que son ellos los que deberían avergonzarse. La víctima toma cosas que no son suyas.
- Experimentarlo en el cuerpo, dando espacio a lo que surja a nivel emocional para poder soltarlo para que no interfiera en la vida adulta.

Recuerdo una paciente que siempre decía que los hombres le habían fallado. Finalmente vimos que fueron sus padres quienes le fallaron de forma clara y atroz; a partir de ahí, pudo llorar su pena y la de su niña, y pudo diferenciar a los hombres buenos de los malos. Y si bien tendía a esconderse bajo la idea de que fueron los hombres quienes le fallaron, finalmente pudo hacer el duelo emocional y encajar en ese lugar a su padre y a su madre. Y así comprendió que los hombres solo eran hombres con los cuales tenía que aprender a relacionarse de un modo adulto.

Una vez sanadas las secuelas, se libera la energía estancada en lo antiguo, y el adulto dispone de mucha más energía, vitalidad y ligereza, tiene la sensación de ser un barco que ha soltado cien toneladas al fondo del mar. Al fin y al cabo, ser unos padres disfuncionales y tener determinadas conductas no es nuestro problema, es el suyo; el nuestro es responsabilizarnos y ocuparnos de las secuelas de nuestras heridas. Y soltar pesos que nunca debimos vivir.

Ahora le toca a nuestro adulto atender y cobijar a nuestro niño interior, a ser su protector y orientador, más allá de los padres originales. Nuestro niño interior así puede descansar y dejar de desesperarse esperando a que los padres le den lo que nunca le dieron y pudiendo valorar así lo que sí le dieron.

Tomando al niño huérfano o abandonado, el adulto lo libera de su orfandad o abandono. En palabras de Jo Coudert: «De todas las personas que conocerás en tu vida, tú eres la única que nunca perderás».

> Revisar lo traumático exige entrar en el dolor, reconocerlo y sostenerlo el tiempo necesario para despedirse de él definitivamente. Es realizar un proceso emocional para que el dolor deje de doler y evitar que condicione el presente.

EJERCICIO: Lo recibido de lo no recibido

Responde a las siguientes cuestiones:

- ¿Cuáles son las dos cualidades que sientes que te dieron tus padres?
- ¿Cuáles son las dos cualidades que sientes que no te dieron? Por ejemplo: «Me dieron sensibilidad y fuerza y no me dieron presencia y guía».

Cierra los ojos, respira y toma conciencia de aquello que te ha permitido desarrollar lo no recibido:

¿Cuáles son las dos cosas que pudiste desarrollar con lo no recibido? Por ejemplo: «La ausencia de mi padre me ha permitido desarrollar mi creatividad y la falta de guía materna me ha llevado a desarrollar mi intuición».

Déjate sentir en el cuerpo la experiencia de que incluso podemos crear desde lo no recibido.

CAPÍTULO

5

El proceso de curación

El proceso de curación engloba diversas misiones, unas más complejas que otras, que abordamos a continuación; son las siguientes: revisitar a nuestro niño interior para reconocer nuestro dolor, retornar al amor, recuperar el niño natural, practicar las caricias, combatir demonios, reconocer a nuestros aliados y así acceder a una vida adulta plena. Estos caminos de sanación buscan transformar las viejas heridas en nuevas riquezas. Los niños heridos toman el camino del héroe. Ahora el adulto inicia otro camino heroico, un proceso de autoconocimiento transformador para liberarlo de las secuelas. Y no hay héroe sin obstáculos, necesitamos realizar misiones, recorrer nuevos senderos y encontrar nuevos lugares de vida.

EL PRIMER PASO. REVISITAR NUESTRA INFANCIA

Como ya vimos, nacemos hiperdependientes de un contexto humano más o menos favorecedor de nuestro ulterior desarrollo.

En la primera parte de la vida, el entorno del nacimiento nos condiciona. Si somos heridos, nos defendemos como podemos, desde nuestra luz, desde nuestra resiliencia y desde nuestro instinto de supervivencia.

Algunos niños superan lo traumático y algunos no; todos cargan sus traumas en la segunda mitad de la vida, ya sea desde la enfermedad mental, las adicciones, los trastornos de la personalidad o desde la neurosis. Los únicamente neuróticos poseemos un mayor margen para sanarnos. Los demás han caído o solo pueden ser tratados en modo reducción de daños o con medicación supervisada.

Si estás leyendo este libro, quizás se deba a que eres un neurótico encantador «como yo», decía Woody Allen en una de sus películas. Esta neurosis te ofrece la oportunidad de reinventarte, sácale el máximo partido.

En la segunda parte podemos compensar la anterior influencia siendo cocreadores y absolutos responsables de cómo percibimos y gestionamos nuestro vivir. El modo en que vivimos y percibimos lo fácil y lo difícil de la vida está modulado por nuestra primera infancia, desde la cual nos desarrollamos hasta el final de la vida.

Para ello, se trata de empezar a trabajar con nosotros mismos. Este trabajo de conciencia pide esfuerzo y honestidad interior.

El hecho innegable es que fuimos dañados; hay que partir del reconocimiento de nuestro dolor. «Si quieres volverte sabio, primero tendrás que escuchar a los perros salvajes que ladran en tu sótano», decía Nietzsche.

RECONOCER NUESTRO DOLOR

Cuidar a nuestro niño interior implica entrar en un potente proceso emocional al reconocer nuestro dolor, sin fisuras y sin anestesia.

De acuerdo con John Bradshaw, el proceso de curación de nuestro niño interior herido pasa por los siguientes pasos:

1. Confiar. Tu niño interior herido debe ser capaz de confiar en que estarás allí para él, necesita un aliado que le dé apoyo para superar su abandono, la negligencia y el abuso sufrido. Este es el primer paso para sanar el dolor original.
2. Aceptar. Debes aceptar sin pudor de qué manera fue avergonzado e ignorado.

3. *Shock*. El *shock* es el comienzo del duelo. Después del *shock* vienen la depresión y la negación.

4. La ira. Está bien estar enojado, es normal frente al maltrato; ese enojo te ofrece la posibilidad y la responsabilidad de detener el maltrato que estás haciéndote a ti mismo y a los demás. No toleres la disfunción absoluta ni el abuso que dominaba tu sistema familiar.

5. Tristeza. Después de la ira viene la tristeza.

6. Remordimiento. Ayuda a tu niño interior herido a ver que no había nada que él pudiera haber hecho diferente, que su dolor proviene de lo que pasó con él, no es de él.

7. Soledad. Los sentimientos más profundos de dolor son la vergüenza tóxica y la soledad. Estabas avergonzado por el abandono de tus padres. Te sientes mal, como si estuviéramos contaminados o infectados. Y esa vergüenza conduce a la soledad. Esta es la parte más difícil del proceso de duelo, pero a medida que entras y te enfrentas a estos sentimientos, puedes superarlos.

Te advierto que, en ocasiones, lo que te dolió aún te duele, se detona en algunas situaciones actuales y limita tu potencial adulto: «La verdad es que si mi padre estuviera vivo, lo enviaría a la mierda», «Me sigue costando no dejarme machacar por mis parejas». Es importante e imprescindible para sanarte que no minimices los daños sufridos; imagínate diciéndole a tu niño: «No pasa nada, tampoco es tan importante tener un padre que te pega o humilla un poco».

En ti viven el yo niño, el yo adolescente, el yo adulto y también el yo viejo. Todos merecen tu luz. Entra en la oscuridad del dolor para ponerles luz.

En palabras de Jung: «El tiempo es un niño que juega como un niño. Yo soy uno, pero contrapuesto a mí mismo soy joven y viejo al mismo tiempo».

Y sobre todo se trata de que tu pasado definitivamente no influya en tu vida presente y en la plenitud de tus relaciones. La salud implica la integración de nuestro pasado, presente y futuro. «Lo que hayamos hecho con nuestras vidas es lo que somos cuando morimos. Y cuenta todo, absolutamente todo», afirmaba Sogyal Rimpoché.

O trabajas en ti o te dejas llevar por tus condicionamientos iniciales. Es tu vida. Es tu decisión.

DESINFECTAR LAS HERIDAS

Poder reconocer nuestro dolor nos permite reconocer nuestras heridas para poder desinfectarlas. El mejor desinfectante del que disponemos son nuestras emociones.

Las cuatro emociones básicas son alegría, tristeza, rabia y miedo. Son universales, las encontramos en todas las culturas y edades, y forman parte de nuestro diseño biológico. Nos permiten relacionarnos con nosotros mismos, con los demás, con lo que nos sucede y con lo que nos sucedió, para poder digerirlo.

Estas nos permiten conectar con el dolor, metabolizarlo y disolverlo.

Las emociones nos permiten transitar nuestro sufrimiento, entrar y salir de él. Dar espacio a la herida es dar espacio a las emociones que nos despiertan. Transitar lo emocional nos permite disolver el dolor.

Si no usamos lo emocional para destilar nuestras heridas, estas quedan bloqueadas, infectadas y contaminan nuestro vivir.

EJERCICIO: Los *flashbacks* cotidianos

«Cada vez que tengo que repetirle algo a mi pareja, enloquezco, parece sorda como mi madre».

Evoca una situación con tu madre en que tenías que repetirle algo. Conecta con ese dolor que vivías con tu madre. ¿Dónde lo sentías en tu cuerpo? ¿Cómo te sentías?

«Poco escuchado, poco visto y que mi esfuerzo por repetir algo no valía la pena».

¿A cuáles dos emociones te conectas?

«Tristeza y enojo».

Déjate sentir estas emociones en tu cuerpo y acompáñate con una mano en la zona del cuerpo donde las sientes.

Respíralas.

Una herida mal atendida duele toda la vida.

Una herida vivida emocionalmente es un peso y un hándicap menos en la vida. Cuando algo te detona una respuesta emocional excesiva, date un espacio íntimo para investigar si te conecta con alguna herida, y vivencia a qué emociones te conecta.

RETORNAR AL AMOR

Cuidar a nuestro niño interior herido pasa también por retornar al amor y a la confianza en la vida. Dar espacio a nuestras heridas nos permite liberar nuestro amor bloqueado. Los hijos aman a sus padres, ellos no pueden decidir no hacerlo, está en la carga genético-emocional-sistémica universal. Las crías humanas mamíferas aman a sus progenitores. El bebé es un mamífero. Procedemos de un amor primario, que es dañado en muchos casos.

Los niños dañados son capaces de autoengañarse: aunque papá sea un alcohólico, o me pegue, amo a mi papá. Para un niño sus padres son el universo entero.

No te autoengañes, amabas a tus padres. Amarlos es una voluntad mamífera.

El niño fue un nosotros antes que un yo. Necesita saber que es importante, aceptado, amado y que se le toma en serio sienta lo que sienta. Al no ser satisfechas estas necesidades básicas, el «yo soy» queda dañado o fisurado, el desamor inicial se traduce en síntomas disfuncionales.

Como Humberto Maturana afirma, «los seres humanos somos intrínsecamente amorosos, y esta es una cuestión que podemos comprobar fácilmente, observando lo que ocurre cuando una persona es privada de amor». Esta carencia afectiva produce trastornos, como ansiedad, agresividad, desmotivación, inseguridad, tristeza y estrés crónico.

En palabras de Maturana: «Nosotros, los seres humanos, somos seres biológicamente amorosos como un rasgo de nuestra historia evolutiva, de manera que sin amor no podríamos sobrevivir. El bebé nace en la confianza implícita de que con él o con ella habrán nacido una mamá, un papá y un entorno que lo van a acoger, porque si no lo acogen, se muere. Por ello, la biología del amor es central para la conservación de nuestra existencia e identidad humana».

Esperábamos un triángulo amoroso padre-madre-hijo.

Estamos hechos para amar. Al haber sido roto el corazón en menor o mayor medida, dando lugar a la pérdida del amor original, debemos realizar un trabajo de duelo de este amor primario que no fue correspondido para así recuperar nuestro amor biológico por nosotros mismos, por los demás y por el mundo. Desde el amor brota la confianza en la vida misma y en sus formas.

RECUPERAR EL NIÑO NATURAL

Como decía Jung, «el niño es el que trae tu luz a la oscuridad y conduce la luz ante él».

La sanación pasa por reconectar con el arquetipo del niño natural. Se trata de recuperar tu niño natural, también llamado en la literatura psicológica como niño maravilloso o niño libre. Llámalo como quieras. Es importante reconectar con los aportes del niño natural, de aquel que no fue atendido como se merecía, que es previo a la herida y que surgía por momentos más allá de ella. Este niño es el que estuvo más cerca de nuestro nacimiento, de la fuente original, del misterio de nuestro origen, es nuestro yo más puro.

Al conectar con el niño herido a veces nos olvidamos del niño natural. También en algunos momentos éramos felices, mágicos y creativos en nuestra batalla personal de resiliencia, igual que dos soldados conocen la amistad en mitad del infierno.

Y darse cuenta de cómo lo hemos vivido al margen de las circunstancias: «A pesar del caos en casa a mí me gustaba vivir, y me encantaba cantar», «Nunca me quitaron la ilusión», «También me la pasaba genial en verano con mi padre» o «Yo siempre estuve bien por las noches». Es importante reconocer estas cuestiones para conectarse a la gracia y a la bendición de la vida. No todo fue mal. Existen partes tuyas que quedaron intactas de los daños recibidos.

También es de pura necesidad reconocer nuestra gran fuerza, y que fuimos capaces de transitar por lo fácil y por lo difícil, por el cuidado y la indiferencia, por la soledad infinita y por la bendición de vivir. Nuestro niño fue un campeón.

El niño natural está «plenamente aquí», su atención no se pierde en el pasado o en el futuro. Se maravilla ante la vida y está lleno de curiosidad. Entrar en un bosque es una aventura y una caja de cartón es un cohete espacial. El niño natural es creativo, confía en la vida y en el amor, vive en la regeneración creativa, es lo más cercano al yo divino.

El adulto a través de un trabajo de conciencia y profundización puede reconectar con su niño natural, y así conectar con su yo más profundo y su capacidad regenerativa inagotable.

Los aspectos que debemos recuperar de nuestro yo infantil incluyen experiencias como la reorientación hacia el juego, el placer, la bondad, la creatividad, la curiosidad, el compartir, la intuición, la espontaneidad, la libertad sin esfuerzo, la ligereza, la alegría y la sorpresa. Accediendo a estos tesoros sepultados debajo de nuestro dolor podemos recuperar nuestra sabiduría innata y natural, y la capacidad de maravillarnos por estar vivos o ver el lento movimiento de las nubes. Recuperándolo, retornamos a la magia, donde todo es puro presente y la vida puede ser dicha. Nuestros ojos pueden brillar de nuevo. Y podemos volver a jugar. La escritora Magda Gomar siempre dice que «la vida es un juego, y si no juegas, pierdes».

El niño es cuerpo, pensamiento y emoción; es presente puro. Por derecho de nacimiento le corresponde una dignidad absoluta a ser quien es y a sentir lo que siente. No les da vueltas a las cosas, explora y las hace. Si algo le duele, llora o pide ayuda; si algo le contenta, sonríe sin pudor ni vergüenza. Fluye y es el que es. Es un «yo soy yo» sin fisuras.

El niño natural puede sanar a nuestro adulto neurótico.

El niño, como animal, es una criatura de la naturaleza, es la naturaleza misma. Su pertenencia es incuestionable. No se acusa, se atiende y se experimenta. Confía en los mecanismos universales sin juzgarlos y sin perderse en ellos. Su universo es amigable, no hostil. Es resistente como la vida misma. Es inocente porque no puede ser culpable, se mueve ligero, sin prejuicios morales ni quejas, más allá de la carga de la sociedad y de juegos de poder. Es vulnerable, ingenuo y espontáneo. Nuestro niño maravilloso aún vive en nosotros.

Rescatando al niño interior herido contactamos con sus dones y recuperamos sus derechos naturales, su creatividad, y nos autocreamos, más allá de nuestros condicionamientos iniciales y retornamos al sí original.

Nietzsche lo describe así: «Es el niño inocencia, y olvido, un nuevo comienzo, un juego, una rueda que echa a girar espontáneamente, un movimiento inicial, un santo decir ¡sí!».

Es un SÍ a la vida, sin condiciones, expectativas o garantías.

Vive en la virtud, entendida como un impulso natural por acercarse a lo que le sienta bien y alejarse de lo tóxico, sin grandes debates internos, de un modo orgánico, funcional, sin intereses o trasfondos.

Para Carmen Guerrero, es importante asegurarse como padres de que nuestro hijo sepa que:

- Tiene su propio lugar en tu corazón, en la familia, en el hogar y en el mundo.
- Son suyos su cuerpo, su vida, sus vivencias, su modo de vivir y sus deseos.
- Tiene permiso para sentir las emociones que sea, e incluso desbordarse cuando la situación lo supere.
- Estás ahí mientras lo necesite para acompañarlo, sentir a su lado, contenerlo, poner nombre a sus emociones y aguardar a que se calme.
- Puede contar contigo para enseñarle habilidades que por su momento evolutivo aún no domina.

- No hay nada malo en él, no lo culpas, no lo comparas con otros niños, no lo juzgas ni lo etiquetas, respetas su ritmo de aprendizaje, puede equivocarse y volver a intentarlo. Lo apoyas y le facilitas los recursos para que repare, aprenda, crezca y evolucione.
- Eres capaz de autocalmarte de manera sana, reconocer tus errores, ver tus debilidades, aceptar otros modos de percibir la realidad y modificar tus creencias.
- Estás dispuesto a estar presente en su mundo para jugar y crear a su lado.
- Puede ir a dormir seguro, sintiendo que, a pesar de las dificultades del día, en su corazón y en su hogar reinan el amor y la paz.

Dicho esto, asegúrate de que tu niño interior también lo sepa y de que tu adulto lo atienda cuando aparece desde un respeto profundo a su absoluta dignidad.

El texto que sigue es el fragmento de una carta que Jung escribió a Joan Corrie a finales de 1919 o en los primeros días de 1920. Se trata de comentarios y análisis acerca de un sueño que tuvo Corrie:

El centro de uno mismo no es necesariamente el ego consciente. Es algo mucho mayor.

Usted tiene lo necesario: el dios vive en su interior. Pero necesita más introversión (segundo sueño) para percibir esa voz. Es una voz tenue de un niño pequeño, pero poderosa y llena de sabiduría.

El niño no viene de ninguna parte, no existía hasta que fue generado por uno en todas partes, donde se ha ocultado como un dios desmembrado y disperso. Este niño en su infinita pequeñez es la individualidad que usted desarrolla y, con práctica, es un dios: más pequeño que lo pequeño, pero más grande que lo grande. El creador primigenio del mundo, la libido creativa ciega, se transforma en hombre a través de la individuación, y de este proceso —que es como el embarazo— nace el niño divino, un niño renacido, ya no disperso entre los millones de criaturas, sino como uno, y este individuo, y al mismo tiempo todos los individuos, lo mismo en usted que en mí.

Por favor, no hable de estas cosas con otras personas. Podría dañar al niño. El niño es destino, *«amor fati»* [el amor del destino], guía, necesidad, paz y satisfacción (Isaías, 9, 6). Pero no se permita a sí misma dispersarse en personas, opiniones y discusiones. El niño es un nuevo dios, nacido en muchos individuos, pero ellos lo ignoran. Es un dios «espiritual». Un espíritu en muchas personas, aunque uno solo y el mismo en todas partes. Manténgase... y experimentará estas cualidades.

EJERCICIO: Conectar con el niño maravilloso

En postura meditativa, apóyate en tus isquiones y en las zonas de contacto con el suelo, déjate sentir tu cuerpo y el contacto de la ropa en tu piel, percibe la silueta que dibuja tu cuerpo en la postura sentada, la línea que se conforma desde la cabeza a los pies.

Estás en tu eje corporal; inhala y exhala con suavidad.

Evoca una escena de tu infancia en la que fuiste feliz. ¿En qué zona de tu cuerpo sientes esta felicidad? Te acompañas con una mano, que te permite dejarte sentir esa parte.

Deja que vengan a tu mente más escenas de felicidad infantil.

Respira con tu niño maravilloso. Ubica en qué zona de tu cuerpo lo sientes.

Tu niño maravilloso perduró en las alegrías y en las tristezas, en la dicha y en la desdicha, en la victoria y en la derrota, te fueran bien o mal las cosas...

Él siempre estuvo. El niño natural es una maravilla. Siente cómo puedes reconectar con él. No murió nunca, simplemente te desconectaron o te desconectaste de él para sobrevivir.

Lentamente recupera tu verticalidad, déjate sentir lo experimentado y muévete un poco desde tu niño natural.

Observa cómo vives recuperar el contacto con tu niño natural.

Como epílogo de este ejercicio busca una foto de tu niño maravilloso. La misión oculta de tu niño herido es que reconectes con tu niño natural.

Practicar las caricias

Leo Buscaglia afirma que «a pesar de que el niño no conoce ni comprende la dinámica sutil del amor, siente desde muy temprano una gran necesidad de amar y la falta de amor puede afectar a su crecimiento y desarrollo e incluso provocarle la muerte».

De igual forma que la necesidad de alimento es saciada con comida, para subsanar la necesidad de estimulación relacional es necesario para nuestra salud que la persona sea tocada y reconocida por los demás. Nacemos con esta hambre.

Éric Berne llamaba «caricia» a la unidad de contacto o reconocimiento que se define como «cualquier acto que implique el reconocimiento de la presencia de otro». Una caricia es cualquier estímulo social dirigido de un ser vivo a otro y que reconoce la existencia y valía de este: tiñe las relaciones humanas de distintos colores.

En la teoría del análisis transaccional se exponen dos tipos de contacto. Estos dos tipos de contacto invitan a vivir en lo agradable o desagradable de la vida, nutren o desnutren la autoestima y llevan al niño a conectar con su dignidad o con su minusvalía. Así, las caricias pueden ser positivas o negativas.

Las caricias positivas pueden ser verbales, corporales o acciones, manifestaciones como «te quiero» o «lo estás haciendo bien, aunque te cueste», dar un abrazo o mirar a los ojos de un niño desde nuestra ternura, hacer un regalo sorpresa, todo ello suma dignidad, calor, afecto y reconocimiento.

Las caricias negativas también pueden ser verbales, corporales o acciones; comentarios sarcásticos, ignorar las acciones del niño, humillar, despreciar o rebajar su dignidad, o no valorar un dibujo infantil: «Deberías ser capaz de hacer esto solo», «¿Cómo es que este niño no sabe amarrarse las agujetas de los zapatos?», «Mi padre nunca vino a ver lo bueno que era jugando al futbol»..., restan dignidad, calor, afecto y reconocimiento. Y pueden producir heridas de menor a mayor profundidad. También cabe destacar que la no caricia es una caricia negativa, ya que no da existencia, sino abandono e invisibilidad de ser.

Un cuerpo vulnerable —y todos lo somos ya sea en la infancia o en la adultez— necesita caricias para hacer frente al miedo, a la incerteza, al vacío, a la duda y a los grandes temas de la vida.

La piel del niño necesita ser acariciada por una mano, por una voz y su tono, por una mirada y por un abrazo. Para acariciar debemos acercarnos e inclinarnos. La caricia nutricia no se puede planificar: surge de un adulto que escucha su experiencia y de la del niño. Por eso necesitamos adultos atentos que escuchen lo vivencial. La propia conciencia los llevará al cuidado. Es un gesto que comunica, que nos humaniza, que da o quita dignidad y valor a nuestras relaciones.

Un ser vulnerable no puede vivir sin caricias. Igual que las caricias nos permiten curar las heridas, las viejas y las nuevas.

¿Qué caricias necesita tu niño interior?

EJERCICIO: Del yo niño al yo adulto

Busca una foto de tu infancia, entre los cinco y los nueve años, en la que ya seas claramente reconocible.

Siéntate delante de una mesa, coloca frente a ti un boli y un folio. Ahora, cierra los ojos, respira, entra en esa foto. Ahora eres ese niño. Observa qué te nace decirle a tu yo adulto.

Déjate sentir qué mensajes tienes hacia tu adulto.

Cuando para ti sea suficiente, abre los ojos y escribe los mensajes para tu yo adulto. Usa tu mano no dominante —lo cual facilita que surja una caligrafía más infantil—. Déjate sentir el impacto de esta escritura.

Este recurso se ha tomado prestado del libro *Volver a casa*, de John Bradshaw.*

---

* John Bradshaw, *Volver a casa*, Gaia Ediciones, Madrid, 2015.

Reconocer a nuestros aliados

Parte de la curación también pasa por reconocer qué personas nos ayudaron en el camino. Qué personas nos insuflaron fe, confianza o pasión por la vida. Para el niño herido encontrar un profesor que le hace disfrutar de las matemáticas es como encontrar agua en el desierto. Como nos relata Josep María Esquirol:

«Aquí, en las afueras, quien piensa y ama, vive. En las afueras, hay zonas muy áridas, donde casi nunca llueve. Cuando lo hace, cada gota da paso a un brote de hierba. Cuando una gota cae en las afueras, en el desierto, da vida, hace nacer y es generadora. Quien va al desierto no es un desertor, nada tiene de avaro, y genera la comunidad que vive. Aquí, en las afueras, quien piensa y ama, vive. Vive más que nada más. Aquí, en las afueras, acurrucados sobre lo que amamos, generamos, pero también esperamos. No un paraíso perdido ni una verdad impersonal —que dejaría de ser verdad—, sino algún tipo de ternura, de calidez, de abrazo».

Como siempre digo en terapia, «los dioses son caprichosos, pero nunca te abandonan». Cuando caminábamos en el desierto, un poco de agua era vivido como una cascada, y esto nos daba nuevo ánimo para seguir avanzando.

Como nos cuenta Boris Cyrulnik: «Un tutor de resiliencia es alguien, una persona, un lugar, un acontecimiento, una obra de arte que provoca un renacer del desarrollo psicológico tras el trauma. Casi siempre se trata de un adulto que encuentra al niño y que asume para él el significado de un modelo de identidad, el viraje de su existencia. No se trata necesariamente de un profesional. Un encuentro significativo puede ser suficiente. [...] Muchos niños comienzan a aprender en la escuela una materia porque les agrada el profesor. Pero cuando, veinte años después, uno le pide al profesor que explique la causa del éxito de su alumno, el educador se subestima y no sospecha hasta qué punto fue importante para su alumno».

Investigar en estos aliados, en estas velas en la oscuridad, es ver la luz de tu vida. De igual modo observa qué aliados tienes en la actualidad.

EJERCICIO: Los aliados de nuestro camino

Toma un folio, divídelo en etapas de años, 0-7, 7-14, 14-21, y así hasta la actualidad. Escribe tus aliados en cada etapa de vida.

Cuando acabes, di un profundo y sentido gracias desde tu ser íntimo.

Reconocer a nuestros aliados antiguos y nuevos nos facilita salir del desierto y reconocer que a veces no estábamos solos. Es importante incluir a aquellas personas que, aunque la relación no acabara «bien», durante un trayecto del camino te ayudaron a vivir.

ACCEDER A UNA VIDA ADULTA PLENA

Cuidar a nuestro niño nos permite acceder a una vida adulta plena sin condicionamientos o interferencias del pasado, y a una relación más amable y afectuosa con nosotros mismos. Se acaba el drama, baja el telón y empieza la película de la plenitud.

Algunos niños se perdieron en la psicosis, adicciones o trastornos de personalidad. Son los niños caídos. No todos sobrevivieron ni mantuvieron sus saludes mentales. Tú lo conseguiste y es bueno que tengas un orgullo sano al respecto.

La sanación de nuestras heridas nos permite construir en el plano interno una columna de salud, fuerza y autoafirmación que une al niño-adolescente-adulto-viejo.

Dentro de un proceso terapéutico de calidad, la persona se apropia de su niño interior, se confronta emocionalmente con el dolor que vivió con los padres originales y finalmente toma su vida en sus manos. No se trata tanto de atacar a los padres como de sanar las heridas que se originaron con ellos. No importa ya si tu padre vive o no vive, fue o es un santo o un maltratador físico, se trata de sanar nuestros traumas. Incluso el mejor padre de una ciudad en algunos momentos puede dañar a su hijo en menor o mayor medida. Todos somos imperfectos. Y desde esta imperfección nos dañamos y nos desarrollamos, y podemos construir o destruir desde ella. Lo importante es negarse a vivir con secuelas postraumáticas y minimizarlas todo lo que sea posible.

Muchas personas se resisten a conectar con su niño herido, pero es necesario transitar el sufrimiento para poder soltarlo y oxigenarlo. Es necesario conectar con el dolor original, no evitarlo, para sanarlo poco a poco y para que el pasado deje de interferir y podamos vivir de una forma lo más plena posible.

Como dice Elisabeth Kübler-Ross, «estoy ahí para ayudar a la gente a ponerse en contacto con el "trabajo no acabado" de sus antiguas heridas y su aflicción».

CERRAR HERIDAS ES UN PROCESO DE SALUD

Recurriendo a cualquiera de las opciones citadas, sea cual sea, el hecho de ocuparse de las heridas para cerrarlas es un acto de autorrespeto. Esta autosanación permitirá que nazca en su lugar un espacio distinto. En todo caso, el modo en que las tratamos es una cuestión vital y da cuenta de cómo nos tratamos y cómo deseamos vivir.

Atendiendo a cómo se cura una herida física, podemos también observar cómo sanar una herida psicológica que se produjo y almacenó en nuestro cuerpo. El primer contacto con la herida es doloroso, este nos permite valorar la gravedad y profundidad de la herida; *a posteriori* debemos realizar todo un trabajo de conciencia para limpiarla, desinfectarla y cubrirla para su futura cicatrización. El cuerpo posee su propia capacidad de autosanación si los daños recibidos no han desconfigurado este mecanismo esencial. Algunas heridas nunca se curan del todo, como esos esguinces de tobillo que de vez en cuando se hacen notar. Y tras el tratamiento observamos la evolución de la lesión en nuestro vivir.

Todo este proceso permite detener la hemorragia traumática, sanar infecciones emocionales, corporales y cognitivas, y poner fin a las secuelas de nuestras heridas.

Tratar lo psicológico como si fuera físico nos permite conectar de forma plena con nuestra corporalidad y emocionalidad.

Como apuntó Viktor Frankl: «Cuando ya no podemos cambiar una situación, tenemos el desafío de cambiarnos a nosotros mismos».

Las piedras del camino en la gran misión

Transcribo un extenso párrafo de Joseph Campbell, de *El viaje del héroe*, para mostrar de forma figurada o ficticia el duro camino que debe recorrer el adulto para sanar a su niño interior y restaurar lo que había sido dañado. En ese camino existen tremendos baches, como las culpas ligadas al «si hubiera...», y el autoengaño ligado al terror a la verdad y a su vez ligada al miedo, aspectos que desarrollo en este apartado:

«El héroe mitológico abandona su choza o castillo, es atraído, llevado o avanza voluntariamente hacia el umbral de la aventura. Allí encuentra la presencia de una sombra que cuida el paso. El héroe puede derrotar o conciliar esta fuerza y entrar vivo al reino de la oscuridad (batalla con el hermano, batalla con el dragón; ofertorio, encantamiento), o puede ser asesinado por el oponente y descender a la muerte (desmembramiento, crucifixión). Detrás del umbral, después, el héroe avanza a través de un mundo de fuerzas poco familiares y sin embargo extrañamente íntimas, algunas de las cuales lo amenazan peligrosamente (pruebas), otras le dan ayuda mágica (auxiliares). Cuando llega el nadir del periplo mitológico, pasa por una prueba suprema y recibe su recompensa. El triunfo puede ser representado como la unión sexual del héroe con la diosa madre del mundo (matrimonio sagrado), el reconocimiento del padre-creador (concordia con el padre), su propia divinización (apoteosis) o también, si las fuerzas le han permanecido hostiles, el robo del don que ha venido a ganar (robo de su desposada, robo del fuego); intrínsecamente es la expansión de la conciencia y por ende del ser (iluminación, transfiguración, libertad). El trabajo final es el del regreso. Si las fuerzas han bendecido al héroe, ahora este se mueve bajo su protección (emisario); si no, huye y es perseguido (huida con transformación, huida con obstáculos). En el umbral del retorno, las fuerzas trascendentales deben permanecer atrás; el héroe vuelve a emerger del reino de la congoja (retorno, resurrección). El bien que trae restaura al mundo (elixir)».

Cuidar a nuestro niño interior es comparable a un camino del héroe, es entrar en un proceso en el cual transitaremos por dificultades, incomprensiones, angustias, abismos..., distintos obstáculos que bien transformados nos enriquecerán. No desistas de tu misión, evitar el dolor es muy tentador. Llegaremos a Ítaca.

SUFRIR DE FORMA CONSCIENTE

Como decía Perls, fundador de la terapia Gestalt, somos fóbicos del sufrimiento, no nos gusta sufrir. Evitar a las sirenas del viaje a Ítaca de Ulises es evitar la tentación de no sufrir y mantener tu *statu quo* actual. Cada vez se quiere sufrir menos, y perdemos de vista la recompensa del dolor consciente. Sufrir con conciencia ayuda a crecer como personas plenas. Evitando lo doloroso nos quedamos sin espinas y sin rosas. Si tienes la oportunidad de crecer, hazlo, transita un sufrimiento que te permitirá crecer y empoderarte como nunca lo has hecho.

Para esta ardua misión quizá sea bueno ser acompañado; puedes pedir que alguien te acompañe, sea un profesional o un buen amigo. Igual que Dante en su descenso al Infierno fue acompañado por Virgilio.

Eliminar las culpas

Ya hemos visto que para sanar la herida hay que buscarla, y reconocerla para después entrar en ella y poder soltarla, y dejar para siempre el lastre de lo que no fue y también de lo que fue. En principio, no se trata de culpar a nadie, se trata de reconocer tus heridas, y lo que te dolió al margen de cómo fueran tus padres. Da igual si fueron óptimos o pésimos, el hecho es que hay cosas que te dolieron y que condicionan tus relaciones. Se trata de tu dolor, más allá de cómo era el otro.

A veces nos influye más lo que no tuvimos que lo que tuvimos, y vivimos en el lamento de «si mi padre me hubiera ayudado más, mi vida habría sido más fácil» o «sin el divorcio de mis padres mis relaciones de pareja serían más sanas». Nunca lo sabremos, quizá hubiéra sido más estúpidos, quién sabe. Fue lo que fue. El «y si» mantiene el sufrimiento y hace perdurar la languidez. Aceptar las cosas tal y como fueron es signo de sabiduría, para ello debes trabajar tu emocionalidad asociada a los hechos que sucedieron y soltar lo que no fue.

La tentación de minimizar nuestro dolor siempre está presente. Esto es debido a que de pequeños idealizamos a los padres, por amor y para asegurar nuestra supervivencia. Los necesitamos desde la pura necesidad y por eso tendíamos a disculparlos y justificarlos. Y a veces somos capaces de culparnos antes de poder reconocer que nuestra madre nos maltrató. No es tan relevante desde dónde lo hiciera ella, da igual si fue desde que no quiso, no pudo o no supo. Sus intenciones ya no deben sernos relevantes. Desde nuestro adulto dejamos de protegerlos para proteger nuestra vida. Los hechos son los hechos. Nuestro cuerpo tiene heridas. Lo importante es la profundidad de dichas heridas. Está bien enojarnos por cómo nos sentimos. Pero es inútil juzgarlos o responsabilizarlos, ellos eran lo que eran. Finalmente, tu dolor es tuyo y minimizarlo es minimizarte a ti mismo.

MIRAR LA VERDAD A LOS OJOS

El adulto puede asimilar la verdad y puede mirarla a los ojos. Y nuestro niño interior necesita un adulto que no desvíe la mirada, que no niegue ni exagere sus heridas. En consecuencia, la misión de cuidar a nuestro niño interior precisa de una actitud que combine las siguientes:

- Una honestidad clara y contundente. Si tu padre te abandonó, pues te abandonó, si era un cabrón, pues lo era. Velo como es. Tus ojos no se romperán, ganarán en claridad. Es necesario operarse de nuestras cataratas psicológicas. Ahora puedes ver las cosas como son. La mirada adulta debe sustituir a la infantil. La realidad nos sana, aunque a veces duela.
- Resiste las tentaciones del autoengaño. No maquilles lo que fue, no minimices tu dolor, «No es para tanto, es que mis padres eran de pueblo». Lo que duele duele. No eximas de responsabilidad a tus padres. Tuvieron sus oportunidades y quizá las desaprovecharon.
- Mantén el compromiso con tu camino interior. No te cuentes películas («Creo que esto del niño interior es un calvario innecesario»): o estás disponible para hacer un trabajo interior, o no lo estás. Y si no lo estás, también está bien. No te falsifiques.

Ten disposición a sufrir conscientemente. Duele mucho darse cuenta de ciertas cosas, pero es solo a través del darse cuenta que nos podemos liberar del sufrimiento. Al hacerlo consciente, lo reexperienciamos para después poder soltarlo, es un entrar y salir de Vietnam para sanar definitivamente las secuelas. Para el pensador ruso George Gurdjieff, «el trabajo en uno mismo tiene que ir acompañado del sufrimiento consciente». Existe un dolor sanador, que nos libera de lo traumático, que no deja de ser como un dolor enquistado.

Mantén tu compromiso a entrar en un proceso de transformación y a salir de él de forma victoriosa.

Practiquemos la verdad junto a una actitud firme para sanar a nuestro niño interior. Mira cómo lo manifiesta Jeff Foster; lo transcribo porque me parece muy útil para tu reflexión:

He visto ocurrir milagros cuando la gente simplemente dice la verdad. No la verdad «linda», no la verdad que busca complacer o reconfortar, sino la verdad cruda. La verdad salvaje. La verdad que no conviene. La verdad tántrica. La «maldita» verdad.

La verdad que tienes miedo de decir. La horrible verdad acerca de ti mismo/a que escondes para «proteger» a otros, para evitar ser «demasiado», para evitar ser avergonzado/a o rechazado/a, para evitar ser visto/a. La verdad de tus sentimientos más profundos: la rabia que has estado disimulando, controlando, que no has permitido ser.

Los terrores de los que no quieres hablar, los impulsos sexuales que has intentado adormecer, los deseos básicos que no soportas expresar. Finalmente, las defensas se caen, y este material «peligroso» emerge desde lo profundo del inconsciente. No puedes retenerlo más. La imagen del «buen chico» o la «buena chica» se evapora, «el perfecto», el que «ha sabido resolverlo todo», el «evolucionado», todas estas imágenes arden. Tiemblas, sudas, sientes que vas a vomitar, piensas que podrías morir al hacerlo, pero finalmente dices tu maldita verdad. La verdad de la que estás profundamente avergonzado/a.

No la verdad abstracta, no la verdad «espiritual». No una verdad diseñada con palabras buscadas cuidadosamente para prevenir la ofensa. No una verdad cuidadosamente empaquetada, sino una verdad desordenada, intensa, desaliñada. Una verdad sangrienta, apasionada, provocativa, sensual, sin domar ni pintar, mortal. Una batida, pegajosa verdad que te hace sudar, vulnerable.

La verdad sobre cómo te sientes. La verdad que permite que otra persona te vea sin esconderte. La verdad que hace al otro quedarse sin aliento. La verdad que hace que tu corazón palpite con fuerza. Esta es la verdad que te hará libre.

He visto depresiones crónicas y ansiedades que habían sido de por vida disiparse de la noche a la mañana. He visto cómo traumas profundamente incrustados se han evaporado; he visto cómo fibromialgias, migrañas de toda la vida, fatigas crónicas, dolores de espalda insoportables, tensiones corporales, desórdenes del estómago han desparecido sin nunca más volver.

Por supuesto, los «efectos secundarios» de la verdad no son siempre tan drásticos.

Y no damos un paso hacia nuestra verdad con un resultado en mente.

Pero piensa en la inmensa cantidad de energía que requiere reprimir y silenciar nuestra salvaje naturaleza animal. Reprimir nuestro enojo, nuestras lágrimas, nuestro terror, sostener una falsa imagen y aparentar estar «bien».

Piensa en toda la tensión que sostenemos en nuestro cuerpo. Y el daño que ocasiona a nuestro sistema inmune cuando vivimos con el miedo de «salir a la luz».

Toma el riesgo de decir tu verdad. La verdad que tienes miedo de decir. La verdad que temes que haga que el mundo se acabe. Encuentra una persona segura, un amigo, un terapeuta, un consejero, o tú mismo/a, y permíteles entrar. Permíteles sostenerte mientras te quiebras, permíteles amarte mientras lloras, te enojas, tiemblas de miedo, haces un lío. Contar tu maldita verdad a alguien podría salvarte la vida, sanarte bien desde lo profundo, y conectarte con la humanidad en formas que nunca has imaginado.

Necesitamos aceptar el dolor para trascenderlo. Naturalmente existe un dolor inútil, pero también existe un dolor de crecimiento. Cuando éramos niños a veces nos dolían las rodillas porque los huesos estaban creciendo. O, como dice Claudio Naranjo, hay masajes que son dolorosos, pero el cuerpo sabe que le están sirviendo y los tolera. Tomar conciencia de los daños traumáticos que hemos vivido permite elaborarlos, metabolizarlos y reubicarlos. El mirar a otro lado cronifica sus efectos. Todos poseemos la experiencia de haber sido liberados por las lágrimas.

El dolor estéril es circular, aquel que da vueltas sobre sí, que corroe, el viciado, el que se regodea en sí mismo y después sigue intacto. Igual que es importante diferenciar entre una víctima y un victimista, necesitamos diferenciar nuestro sufrimiento estéril del fértil.

Encontrar el sentido

Reconocer tu verdad te permite saber el sentido de tu misión. Debes ver tu verdad antes de entrar en el bosque oscuro. Debes saber por qué entras en él, porque volverás a sufrir, y mantener tu compromiso de salir reforzado de esta misión.

Dice Viktor Frankl: «La vida no es principalmente una búsqueda del placer, como creía Freud, ni una búsqueda de poder, como enseñó Alfred Adler, sino una búsqueda de sentido. La mejor tarea para cualquier persona es encontrarle sentido a su propia vida».

En esta misión te acompañará la luz de tu conciencia.

La conciencia nos lleva al dolor y al éxtasis, y sufrir con conciencia nos hace más sabios, nos permite iluminar lo doloroso y lo oscuro, para transformarlo. Pudiendo así poner luz a nuestras heridas, no para que desaparezcan, sino para cicatrizarlas e iluminarlas, y también dar luz a los demás.

Como apunta Jung: «No es posible despertar a la conciencia sin dolor. La gente es capaz de hacer cualquier cosa, por absurda que sea, para evitar enfrentarse a su propia alma. Nadie se ilumina imaginando figuras de luz, sino por hacer consciente la oscuridad».

Con la sabiduría que dan el tiempo y la conciencia, uno aprende a habitar el dolor el tiempo justo para que este sea liberador; aprendemos a entrar y salir de la herida, así no se infecta la propia alma, se libera. Gran parte de esta sabiduría puede ser dada por el autoconocimiento que da realizar el proceso de sanación del niño herido que todos llevamos dentro.

EJERCICIO: Acunar la tristeza de tu niño

Adopta una postura sentada y cómoda. Coloca enfrente de ti un cojín.

Toma tu cojín. Junta los brazos como si acunaras a tu niño pequeño, con una respiración silenciosa para no despertarlo. Mientras te vas acunando, conecta con tu ternura. Poco a poco, inclina ligeramente la parte alta del cuerpo hacia abajo, baja levemente la cabeza y acerca tu mandíbula a la zona pectoral, sin forzarte en ningún momento. En cuanto a la respiración, al exhalar, afloja el abdomen y el tórax; al inhalar, siente estas zonas del cuerpo, llénate y vacíate de aire de forma suave, haz un par de respiraciones o tres.

Sigue acunándote un poco más, déjate llevar en este acunarte; ralentízalo y evoca una situación vital triste de tu niño interior (de nivel medio, ni fuerte ni leve). Déjatela sentir en el cuerpo, acúnate un poco en esta tristeza y acompáñala desde tu ternura.

Míralo a los ojos y manifiéstale en voz baja o en silencio: «Siento tu dolor, lo reconozco y juntos lo soltamos, yo te cuidaré».

Poco a poco, cuando sientas que ya realizaste una inmersión emocional suficiente y que integras un poco de su dolor, empieza a alzarte y transita a un estado neutro, atendiendo los movimientos que te facilitan retomar una neutralidad emocional.

En cuanto a la inclinación postural, descender unos treinta grados respecto a la verticalidad de la columna es más que suficiente.

COMBATIR DEMONIOS

Como vamos viendo, el adulto debe estar muy atento para no caer en la tentación de negar o minimizar su dolor, o de ser devorado por el demonio del autoengaño.

Además de estas luchas, necesita respetarse su sagrado dolor y que este no sea minimizado por sus parejas, grupo de referencia o amigos. «Es que madre solo hay una», «Los niños lo aguantan todo», «Es que la generación anterior no tenía recursos emocionales», igual que Ulises se ata a un mástil para no caer en la tentación de las sirenas, acuérdate de que solo tú sabes lo que sufriste o dejaste de sufrir, que la maternidad no justifica el maltrato y que se conoce de padres del siglo XVIII que eran buenos padres.

No nos despistemos ni caigamos en la tentación del autoengaño.

Otros demonios es pensar que con una sesión de terapia es suficiente para sanarse, o que un curso de milagros de un fin de semana sanará mis heridas primarias. El demonio de la anestesia, de las creencias sociales o del autoengaño aprovechan cualquier fisura para hechizarte y volver al nivel de conciencia de siempre. Por eso un buen terapeuta, un buen mago, te recuerda cuál es tu misión y cuándo esta se ha cumplido.

EJERCICIO: Respetar el propio dolor

Recuerda una escena dolorosa de tu infancia.

¿Cómo te sentirías si alguien le quitara importancia a tu dolor?

¿Ese alguien estuvo allí?

Recuerda una experiencia en la que experimentaste que una persona respetó plenamente tu dolor.

Investiga en ti.

¿Haces demasiado caso de los demás?

Si tú ves algo azul y otro lo ve lila, ¿qué vives por dentro?, ¿dudas mucho o poco?, ¿tienes la tentación de usar el color del otro?

Esta misión implica luchar. Combate desde tu conciencia. Autorrespeta tu dolor. Sanar al niño herido implica una militancia. Una militancia que te sana y sana a tu alrededor. No permitamos que nadie minimice el dolor infantil, ni que nos vendan falsas motos. Sal de lo influenciable, confía en tu escucha interna.

El adulto como guía de su antiguo niño interior

En este capítulo muestro caminos de sanación. Cada persona elige su propia vía, y siempre será una disciplina terapéutica o una técnica de sanación la que deba adaptarse a la singularidad y grandeza de cada persona, nunca a la inversa. Una vez llevado a cabo el proceso, el adulto puede convertirse en la nueva e idónea guía de su niño interior. El adulto crecerá y el trauma se empequeñecerá. El sol dejará de ser eclipsado por lo traumático.

BUCEAR EN LA MEMORIA

¿Qué se hace a través de una terapia?

Viajar por la memoria y hablarle a nuestro niño, en compañía del terapeuta. En esta dirección, Alejandro Jodorowsky propone: «Cada vez que tengas un recuerdo doloroso de tu infancia, viaja por tu memoria y, con la edad que tienes hoy, dile a tu niño: "pequeño mío, no estés triste, no estás solo. Yo estaba contigo, acompañándote todo el tiempo. Soy tu amigo. Juega conmigo"».

El niño se desarrolla hasta ser un adulto más o menos sano.

Tal como dijimos anteriormente, este adulto a veces es en mayor o menor medida condicionado por lo que vivió su niño interior.

A pesar del paso del tiempo ciertos temas le son dificultosos; autoestima baja, miedos recurrentes, dificultad para acabar tareas o relaciones, ataques de ira, tendencia a sentirse solo, no creer en las propias capacidades, evitar gestionar conflictos... Y un largo etcétera. Estas suelen ser algunas secuelas de nuestras heridas infantiles.

Ante todo esto, creo bastante que es casi imprescindible ir a terapia. El tener el acompañamiento de una persona que posea humanidad y conocimientos para ejercer de guía facilita la transformación de nuestro dolor original. El ser ayudado y dejarse acompañar en el dolor puede ser una experiencia muy nutricia y un contexto muy diferente al que vivimos cuando se originó la herida infantil en la que mayormente no tuvimos guía y estábamos solos.

Nos construimos y deconstruimos en lo humano.

Entrar en un proceso terapéutico nos permite revisarnos y crecer como individuos. Para ello es necesario entrar en la herida, entrar en el dolor para soltar nuestro sufrimiento, y a veces esto es doloroso. Y no todo el mundo está dispuesto a profundizar o a sufrir para dejar de sufrir. Buscamos reconocer el dolor para que el dolor no duela. Y para realizar un proceso de duelo final y de aceptación radical de lo que tuvimos y de lo que no tuvimos. Sin un poco de dolor no hay recompensa. Si realizamos este proceso al final festejaremos la vida con nuestro niño interior de una forma alegre, plena y creativa.

Creo firmemente que hacer un trabajo personal con un terapeuta suficientemente humano y capaz es la mejor vía para sanar nuestro niño interior, conectar con nuestro niño maravilloso y dar al adulto su poder. Podemos reconfigurarnos para acceder a una mayor felicidad. Y reconectar con nuestra alegría original, la que existía antes de la herida, nuestra dicha original.

Ser acompañado facilita a la persona aprender una forma más amable de acompañarse, de dejarse acompañar y de acompañar al otro. También el ser acompañado nos permite salir del aislamiento, nos hemos sentido muy solos de pequeños, el aislamiento es un mecanismo de defensa, y a través del vínculo que establecemos con el terapeuta podemos revivirnos otros de otra manera.

Un espacio de terapia nos permite compartir lo que nos duele con un alguien capaz de atender el sufrimiento humano, que nos facilita reconocer el propio, ponerle nombre, dar espacio a la herida, reconocer el efecto de nuestras heridas en el pensamiento, la emoción y el cuerpo, vivenciar qué me dolió, cómo y hasta qué punto, qué esperaba y no sucedió, soltar o resetear expectativas, ver mi amor por el padre ausente o la madre enferma, mostrar nuestro dolor con dignidad, transitar la vergüenza... Indirectamente entramos en confianza con un humano para reparar nuestra confianza con lo humano.

La relación terapeuta-cliente me permite explorar otras. Establecemos un vínculo para revivir otros, y reconocer nuestra experiencia en ellos. Poco a poco, desde el vínculo creado con otro humano, la persona puede entrar así dentro de lo posible en aceptar y encajar lo que fue y lo que no fue, pudiendo así colocar las cosas en un lugar donde no le duelen o no le duelen tanto, hacerse una representación y resignificación distinta de lo vivido, y finalmente ubicar el pasado en el pasado.

«Ahora veo cómo mis heridas me ayudan a ayudar», «Ya no pienso en el pasado», «Mis antiguas heridas me han hecho más persona».

Reconociendo las secuelas y aprendiendo a gestionarlas nos empoderamos definitivamente.

Este profundo trabajo también nos permite entendernos, y ser comprensivos con nuestra forma de ser y hacer: «Ahora ya sé por qué me cuesta tanto estar solo, en ciertos momentos pensé que estaba loco por desesperarme tanto».

En el caso de tener hijos este trabajo de conciencia permite al adulto relacionarse con su hijo/a desde una menor interferencia de sus asuntos personales al tenerlos elaborados y reconocer más claramente cuáles son las necesidades de un niño que no es él mismo.

Somos seres relacionales, el rerelacionarnos con nuestro niño interior nos facilita posicionarnos de otro modo en nuestras relaciones actuales: «Al acoger la ira de mi niño interior soy menos defensivo con mis amigos, y no penalizo la de mi hijo».

De igual modo, a veces la terapia no es posible, y reconozco también que conozco a grandes personas que nunca realizaron un proceso terapéutico, y se dieron a sí mismas el poder y la luz que todo ser humano tiene derecho a ostentar. Lo que sí tenían estas personas era una clara curiosidad y voluntad de ser ellas mismas, por saber quiénes eran y qué podrían llegar a ser. Existía en ellas el espíritu de la búsqueda junto al deseo de escuchar su interioridad y ser coherentes con su mundo interior. Se puede leer, releer, meditar, investigar, viajar, escribir, seguir una corriente espiritual... hasta encontrar la propia luz.

Todo camino de sanación pedirá humildad para reconocer nuestro dolor y nuestra perdición; fe en que algo mejor para nosotros es posible, y que nuestra sanación y sabiduría están en nuestro interior; voluntad para no cesar hasta conseguir nuestra liberación y convicción para darnos una vida mejor.

EJERCICIO: Darnos la mejor vida posible

Toma una foto de tu niño de siete años.

Obsérvate y déjate sentir en tu cuerpo el impacto de ver su imagen.

¿No crees que se merezca algo mejor?

EL DIÁLOGO CON LA FUENTE

Un paso para sanar al niño interior puede ser aclarar las cosas con los progenitores, estén vivos o no, tener un diálogo constructivo y hablar con el padre o la madre de lo que nos dolió o de lo que sentimos que no merecíamos. Tenemos derecho a hablar con ellos de nuestro dolor.

Esta cuestión se puede realizar de forma directa, platicando con ellos, o de forma indirecta, entrando en un proceso de terapia que nos permite sanar nuestras heridas con ejercicios del tipo escribir una carta a mis padres, hablar con un cojín u otro elemento que simbolice a mi madre o a mi padre, una constelación familiar individual o grupal... La vía es indiferente si llega a un buen fin; lo importante es profundizar en esta experiencia y sanar los antiguos dolores.

Se trata de expresarse desde nuestra herida para disolverla en todo lo posible y empezar un proceso final de cicatrización. Tenemos derecho a hablar de nuestro dolor con nuestros padres. Ellos deberían ser los primeros interesados en dárnoslo.

Hablar directamente con los padres

En caso de hablar directamente con los padres es conveniente estructurar este encuentro. Buscamos limpiar la herida, no infectarla. Buscamos la paz interior, no la guerra.

Es importante establecer algunas pautas, partiendo del mensaje: «Yo solo era un niño»:

- Pedir que nos escuchen sin interrupciones antes de pasar a un intercambio de opiniones: «Te pido que me dejes hablar un rato, que te mantengas en silencio y después, si lo necesitas, yo te escucharé a ti».
- Hablar desde nuestra vivencia, desde lo que nosotros vivenciamos, desde el yo: «Yo me sentí abandonado», «Yo sufrí abusos por parte de mi tío, y cuando te lo dije, yo no vi que hicieras nada»...
- Defender nuestro sentir, nos digan lo que nos digan: «Lo que dices es verdad, tenías que trabajar mucho, pero igualmente yo me sentí muy solo».
- Ser sintéticos, claros y honestos: «Sinceramente, no entiendo por qué no me defendiste ante mi abuela».
- Dar espacio a lo tierno y a lo duro: «Te extrañé mucho, aún te extraño y también me siento mejor sin ti».
- Anotar cuáles son las tres frases que se necesita manifestar sea como sea, antes de irse de este mundo: «No podía irme a la tumba sin decirle a mi padre que me sentí maltratado; finalmente pude hacerlo».

Se puede llevar a cabo más de una conversación reparadora. Es mucha presión que todo deba solucionarse en un encuentro.

En este diálogo sanador es importante que tengamos claro que buscamos limpiar nuestra herida, no ensuciarla o infectarla más; se trata de sanar, no de ganar al padre o al maltratador. La única victoria posible es nuestra liberación y superación de lo traumático.

> Busca tu paz y deja al otro con lo suyo. Es su vida, es su problema: «Mi padre nunca reconoció nada, pero yo puedo dormir tranquilo todas las noches».

Si no conseguimos limpiar la herida, habrá que volver a transitar por ella. Podemos aprovechar la oportunidad de sanar nuestro sufrimiento con la fuente misma de nuestro dolor.

¿Qué hacer cuando no podemos afrontar este diálogo?

Para afrontar lo complejo de este diálogo, puede ayudar mucho ser asesorado por un terapeuta, y si ello no es posible, por un buen amigo. Preparar este encuentro nos puede ayudar a clarificarnos, estructurarnos y también empezar así a salir del aislamiento de nuestro dolor, rabia, angustia, desazón... Esta planificación también permite ir diseñando qué queremos manifestar, y esto también puede hacerse escribiendo y sintetizando las cuestiones básicas que necesito manifestar. A más síntesis y concreción, mayor salud.

Compartir la realización de esta acción sanadora con alguien de total confianza facilita que se alivie la angustia y hace que no evitemos la situación. Evitar lo difícil es tentador. Compartirla ayuda: «Sin la ayuda de mi amiga Sara no me hubiera atrevido a hablar con mi madre».

Algunas heridas no desaparecen, se sanan, nos acompañan en el vivir, la cuestión es limpiarlas y cicatrizarlas lo máximo posible: «A veces me duele lo de mi padre, cada vez menos y ya solo son unos minutos en las fechas señaladas».

Forma parte de la vida que a veces se abran un poco. La persona aprende a entrar y a salir de ellas con una perturbación cada vez menor. Lo que nos fija a ellas es el resentimiento, el odio, la obsesión, la rabia... Por eso es importante expresar lo emocional y también aprender a soltar nuestro legítimo resentimiento: «Tuve tres pláticas profundas con mi padre. El tercer día me di cuenta que ya estaba, que era necesario que yo pusiera el punto y final a esta historia. Seguir hablando con él era hacerme daño». Es muy importante no traumatizar el trauma, a veces lo mejor es no insistir y dejar de exponerse a la zona traumática.

DIALOGAR CON NUESTRO NIÑO INTERIOR

Establecer el diálogo con nuestro niño interior forma parte de la sanación de nuestra herida.

Se trata de hablar con él para poner fin a nuestro sufrimiento, no para recrearnos en nuestro dolor; victimizar a la víctima que fuimos no ayuda, se trata de darle espacio para reconocerlo y acogerlo hasta su disolución. Esta dinámica interna habrá que hacerla muchas veces en la vida, abrazar la herida infantil hasta que deje de doler, hasta el siguiente abrazo. La sanación del niño interior es un proceso, y habrá que ir hablando con nuestro niño herido cuando se manifieste su dolor en nuestro escenario de conciencia.

No tengo que evitarlo ni enojarme o sentir pena por él. Relacionarme desde lo positivo, desde el cobijo y desde la ayuda mutua ya es sanador de por sí. Nuestro niño también puede ayudar a nuestro adulto.

Hizo lo que pudo siendo niño. Es importante reconocer sus méritos. La gratitud nos sana. Hace unos años escribí este breve texto:

Una vez fui un niño, pasé lo que pasé, sentí muchas cosas y otras evité sentirlas. Ahora ya puedo sentirlas. Gracias a ese niño ahora estoy aquí conmigo, no me acuerdo de todo lo que vivió ese niño, solo sé que sin él hoy no estaría aquí, es un/a campeón/a, que vive en mí, hoy y siempre, siento gratitud hacia el niño y ahora con él puedo sentir mi sagrada dignidad y permitir que tú la veas o la sientas.

La cuestión fundamental es darle un buen lugar en nuestro corazón y hacernos cargo de él. Es nuestra responsabilidad, nadie vendrá a rescatarlo. El adulto es finalmente el responsable de su niño, es necesario tomarlo para completarnos, y aprender a vivir juntos de un modo pleno.

Nuestro niño herido nos acompaña en el vivir, a veces ocupa el lugar del adulto en el presente, por ello es necesario acoger emocionalmente a este niño para que descanse y no interfiera en nuestra vida adulta.

Es necesario hablar con él y dejarle claro que nos quedamos con él, ya no vendrá mamá o papá a orientarnos, tranquilizarnos o cobijarnos. Fue lo que fue. Si te quedas con tu niño interior, ya no buscas a una pareja para que se ocupe de él. No buscaremos más niñeras. La mayoría de las parejas fracasan porque sus niños heridos no han sido sanados.

Este diálogo puede ser a través de una carta o de la intervención que se considere más idónea dentro de un espacio terapéutico. Y debe aparecer en situaciones en las que detectemos que entramos en modo niño, o en las que sospechamos que así sucede: «Creo que en el trabajo me estoy comportando de forma inadecuada, estoy en plan berrinche desde que no me dieron el aumento de sueldo», «Sigo enganchada a si gusto o no a los demás».

Sea como sea, solo queda nuestra opción adulta como contenedor de los dolores, deseos y miedos de nuestro niño. El adulto aprende a vivir y a gestionar situaciones fáciles y difíciles.

EJERCICIO: Ver y abrazar a tu niño interior

Siéntate en un lugar de forma cómoda. Pon frente a ti un cojín.

Cierra los ojos. Visualiza en el cojín a tu niño interior y responde:

¿Cómo lo ves? ¿Qué peinado lleva? ¿Cómo están sus ojos? ¿Qué postura sostiene?

¿A qué sensación y emociones te conectas al conectar con él?

¿Qué te nace contarle o preguntarle?

Si lo escuchas, ¿qué te manifiesta él?

Acaba el ejercicio tomando el cojín y dándole un abrazo. Despídete de él como a ti te parezca.

Esta conversación íntima facilita la sedimentación de lo vivido, nos permite integrar nuestra biografía y poder relacionarnos con el niño herido de un modo cooperativo-ecológico.

Conviene hacer saber al niño que siempre habrá problemas y soluciones, dificultades y facilidades, armonías y conflictos..., y que juntos los iremos resolviendo con la conciencia de que todo no es posible y que lucharemos por ser felices.

EL ADULTO REEDUCA A SU NIÑO INTERIOR

La película infantil debe finalizar, y debemos aprender a tranquilizar y a guiar a nuestro niño herido para que descanse finalmente y no interfiera en nuestra plenitud. Este es un proceso de aprendizaje emocional, que pide cariño y amor por nuestro niño, y sobre todo una toma de conciencia que nos aporte con el tiempo crear una base de amabilidad, un trato amable con nosotros mismos: «Me doy cuenta de que me cuesta mucho decir que no, siento que mi niño entra en pánico, como si algo terrible fuera a pasar...».

Otra vertiente de este diálogo es escucharlo y preguntarle qué cosas desea tu niño interior, y dárselas si lo consideramos adecuado desde nuestro adulto: «Escuché a mi niño herido y me pidió una moto», «Escuché a mi niño herido y me pidió que bailara más»...

Es importante detectar cuándo aparece nuestro niño interior: «Suele aparecer en cuestiones que aún me cuestan a pesar del paso de los años; por ejemplo, antes de un examen, cuando me asusto, cuando vivo una situación nueva o voy a un lugar donde no conozco a nadie, cuando me siento rechazado...». También es importante observar sus «apariciones» positivas: «Cuando juego a la pelota me la paso genial», «Me da mucha ilusión la noche de Reyes»...

Piensa que para él la angustia es la misma que sentías de pequeño y que en modo niño sufres una pequeña amnesia de tus recursos actuales. El niño herido nos necesita.

Estamos atentos a sus «apariciones» y aprendemos a tranquilizarlo, ya sea respirando, hablando con nosotros mismos, acompañándonos con una mano en la zona de nuestro cuerpo donde revivimos angustia o visualizando que le damos un abrazo o una frase sanadora: «Estate tranquilo, iremos a la fiesta y volveremos a casa, y quizá incluso nos lo pasemos bien».

Al hacerme cargo de él, lo escucho, atiendo sus necesidades y también le pongo límites. Le enseño a tolerar la frustración y lo difícil. De algún modo lo reeduco y le puedo enseñar que está bien que se enoje, pero que no es adecuado empezar a tirar cosas por la casa en modo berrinche; le puedo mostrar sin castigarlo la diferencia entre emoción y conducta. Se establece así una cooperación interna niño-adulto. Lo cuido, lo educo y nos acompañamos en el vivir. Es importante que le hagamos saber sus derechos y también templar sus excesos emocionales o conductuales. Este diálogo amable con nuestro niño interior es un diálogo sanador.

EJERCICIO: Enseñar a tu niño interior

Busca una foto de tu niño de siete años y colócala frente a ti.

Empieza a manifestarle lo que quieres enseñarle. Por ejemplo: «Jordi niño, quiero enseñarte a sentir la tristeza. Quiero enseñarte a ponerles límites a los demás...».

¿Cómo te sientes ocupando el lugar de guía pedagógico de tu niño?

La cuestión es establecer un puente interno con él y, sobre todo, tratarlo de un modo amable.

Es tu responsabilidad tranquilizarlo y ofrecerle tu poder actual.

FLEXIBILIZAR LOS ROLES HEREDADOS

Como explica Marcelo Antoni, cuando llegamos a una familia, la película ya está empezada. Llegamos a un sistema familiar que ya tiene sus propias dinámicas y leyes. Y también sus propios traumas sistémicos. Quizá ya hay problemas con el alcohol, el dinero, con la tristeza... Este sistema familiar nos transmite unas leyes, unas facilidades y unas dificultades, y nos adjudica unos roles que considera imprescindibles, adecuados o necesarios para el sistema familiar o para ser alguien en la vida; sea como sea no los hemos elegido nosotros. Los heredamos o nos los adjudican. Quizá se te adjudicó que debías ser discreto, el heredero, poderoso, paciente, sumiso, bueno, rico, pobre... Lo dañino es la inflexibilidad de estos roles y que nos quitan permisos. Deberían ser orientaciones, invitaciones, no deberían ser rígidos. Tú debes elegir qué roles quieres representar y en qué medida, o qué cuestiones no quieres tomar. Es posible que al dejar los roles asignados por tu familia de origen recibas rechazo o indignación por parte de tus familiares o personas de confianza. Quizá no saben que aportar algo nuevo, desde el cuidado, la autoadaptación y la salud, enriquece, sana y renueva cualquier sistema familiar.

> Libérate de lo impuesto y no elegido, o hazlo a tu manera. La relación más importante de tu vida es la que mantienes contigo mismo/a. En lo profundo de todo sistema hay una gran alegría cuando uno de sus miembros ejerce la libertad individual desde una posición sana.

EJERCICIO: Deshacerse de los roles asignados

Cierra los ojos, pregúntale a tu cuerpo cuál de los dos clanes, el materno o paterno, sientes más arraigado a ti. ¿Cuál de los dos sientes más internamente que es tu clan primario?

Evoca una cena familiar.

Rememora en ella el lugar donde estás sentado, al lado de quién, de qué se habla... Evoca detalles concretos de esa situación.

A continuación, pregunta lo siguiente a tu niño interior:

- ¿Cómo se te dice que debes ser? ¿Cómo no puedes ser?
- ¿Qué roles sientes que se te adjudican?
- ¿Qué mensajes escuchas acerca de ti, de la vida y de los demás?
- A nivel emocional, ¿qué sientes al reconocerlos?
- ¿De cuál de estos roles quieres deshacerte y cuál de ellos prefieres mantener?

Usa tu cuerpo para soltar estas identidades impuestas, puedes moverte, suspirar, soplar..., lo que sientes que te permite salir de estos «vestidos» que no son tuyos.

Después respira y déjate sentir desde dentro de tu ser que tu poder adulto te puede liberar de estos papeles o que puedes reconfigurarlos a tu manera.

En otro momento explora el otro clan.

REVISAR NUESTRAS CREENCIAS

Nuestro niño interior necesita del adulto que le enseñe a desobedecer o a cuestionar creencias que no nos sientan bien. Mastica las creencias que tragaste. Destruye lo que no te aporta, conserva lo que te nutre y construye tus propias normas orientativas. Un estado nuevo tiene el derecho de crear sus propias leyes: «Estoy descubriendo lo beneficioso de la tristeza sin caer en la parte depresiva de mi madre», «He aprendido a defender mi bondad», «Sentirme buen terapeuta no es ir de superior»...

Las creencias provienen de antiguas experiencias.

Nuestros primeros modelos relacionales, de cómo se puede vivir y de cómo nos podemos relacionar con las cosas y las personas son el padre y la madre, el cuidador o cuidadores primarios. Son nuestros primeros modelos relacionales. Somos seres sociales y el aprendizaje por imitación es muy importante en nuestros primeros años de vida.

Dicho en palabras de John Bradshaw: «El trabajo de los padres es modelar. El modelado incluye cómo ser un hombre o una mujer;

cómo relacionarse íntimamente con otra persona; cómo reconocer y expresar emociones; cómo luchar de manera justa; cómo tener límites físicos, emocionales e intelectuales; cómo comunicarse, cómo hacer frente y sobrevivir a los interminables problemas de la vida; cómo ser autodisciplinado; y cómo amarse a uno mismo y al otro».

Los padres son los primeros referentes de cómo se gestiona la vida, de cómo debe tratarse la experiencia humana, la propia y la de los demás. De ellos se extraen las primeras leyes de cómo funcionan la vida y el mundo, de lo que debe ser valorado o evitado: «Mi padre despreciaba a los débiles», «Mi madre nunca se permitió enojarse», «Mi padre odiaba equivocarse»...

Estos mensajes cumplen una función ordenadora de la realidad, ponen límite y afecto a lo que vivimos. Son una primera referencia para caminar en el territorio humano.

El niño introyecta una o dos formas de tratar la realidad, de tratar al mundo y de tratarse a sí mismo. Introyectar implica tomar algo externo sin cuestionarlo, tragar una comida experiencial sin masticarla se asemeja a una inyección de una substancia cuya composición no pudimos elegir. De adultos podemos masticar estas creencias, deconstruirlas y redefinirlas.

EJERCICIO: La mirada paternal

Imagínate de niño, con unos diez años aproximadamente, y ubícate entre tu padre y tu madre como si os fueran a hacer una foto.

Ahora visualiza que ves el mundo desde los ojos de tu padre y responde:

- ¿Cómo es el mundo para él?
- ¿Cómo son las relaciones para él? ¿Cómo las vive?
- ¿Cómo es el dinero para él? ¿Cómo lo vive?
- ¿Qué es el trabajo para él? ¿Qué función cumple?
- ¿Qué es el sexo para él? ¿Cómo vive el otro género?

Investiga alguna otra temática si te surge de un modo espontáneo.

Ahora vuelve a ocupar tu lugar y observa de qué te das cuenta y reflexiona sobre cómo te ha influenciado su mirada en tu vida.

Respira con la conciencia de que esa no es tu percepción de las cosas, es la suya. Anota tus reflexiones y decide si quieres visitar la mirada de tu madre, o mejor lo dejas para otro momento.

Es importante cuidar nuestra capacidad atencional y no empacharnos de información. Es necesario dosificar nuestra capacidad de profundización y nuestro emocionar.

Poner en tela de juicio lo que hemos recibido de nuestros padres nos posibilita diferenciarnos y crear una frontera clara entre lo suyo y lo nuestro. Y quitarnos unas gafas que no son las nuestras.

EJERCICIO: Las leyes

Es importante realizar este ejercicio lo más honesta y radicalmente posible.

Escribe tres leyes sagradas de tu padre. Por ejemplo: «Hay que ser fuerte». Escribe tres leyes sagradas de tu madre. Por ejemplo: «Hay que ser bueno». A continuación, responde:

- ¿Qué opinas de estas leyes?
- ¿Cuáles son las tuyas?
- Cuestiónalas y debátelas con alguien de tu confianza.

REVISAR NUESTRO AUTOCONCEPTO

Otro aspecto importante para revisar son las creencias e ideas que tenemos sobre nosotros mismos.

Lo traumático lastima de tal manera la salud física y mental, la seguridad y el bienestar de la persona, que esta puede llegar a desarrollar creencias falsas y destructivas de sí misma y del mundo.

Estas creencias se traducen en forma de pensamientos como: «Soy incapaz, soy un cobarde, no sirvo para escribir, soy malo, todo me cuesta, nadie me quiere, a nadie le importo»... Estas creencias interfieren en la relación contigo mismo y pueden quitarte poder personal. Cuestiona e investiga lo que tus padres decían de cómo eras. Es importante en la vida examinar lo que Antonio Blay llamaba «el yo idea», la idea de cómo teníamos que ser según nuestros padres, tal como ilustra en este fragmento del libro *Ser: curso de psicología de la autorrealización*:

> Podemos decir que el niño, de un modo natural, es un potencial de energía, de inteligencia y de amor-felicidad. Él es intrínsecamente eso, es lo que es su identidad como individuo, y su existencia es ir actualizando eso en forma concreta, a través de lo físico, de lo afectivo y de lo emocional concreto.
>
> Pero recibe del exterior el impacto de una exigencia, de un modelo de ser: «tú has de ser de esa manera, amable, obediente, estudioso, cuidadoso, listo, etcétera», y se le condiciona; los mayores condicionan su afecto y la valoración del niño al cumplimiento de ese modelo.

Hay que observar que, de por sí, este modelo no tiene nada que ver con el niño, es un modelo totalmente externo, extraño, que se superpone a la mente y a lo que es la naturaleza del niño. El niño trata de cumplir el modelo y entonces los mayores le juzgan, y le juzgan de acuerdo con su cumplimiento o no de ese modelo: «eres bueno, eres malo, eres tonto, eres listo, eres obediente, eres descarado, etcétera». Es necesario ver que este juicio es un juicio que se está haciendo en relación con ese modelo que se le ha impuesto.

O sea, primero, imposición del modelo que es tan ajeno al niño como el nombre que se le da, y segundo, se le juzga en virtud de su obediencia o no a ese modelo. Y entonces al niño no se le dice: «tú hiciste algo que no deberías haber hecho» o «tú hiciste una acción torpe», no. Se le dice «tú eres torpe», «tú eres un maleducado» o «tú eres tonto». No se juzga el acto que haya hecho en relación con el modelo, se le juzga a él por el acto. O sea, que se le está dando al niño una definición de él que no tiene nada que ver con él, porque se le juzga en relación con un modelo que es totalmente ajeno a él. Modelo que puede ser muy conveniente, pero que no es él.

Entonces al niño se le está diciendo: «tú eres eso, tú eres lo otro» y, claro, la actitud afectiva de los mayores hacia el niño depende de ese juicio: «si eres bueno, te quiero, te sonrío, te doy dulces, satisfago tus caprichos, y si eres malo, te quedas sin postre, o no te quiero», o lo que sea.

Por lo tanto, al niño se le va imponiendo la idea de que él es ese niño bueno o malo. Se le está imponiendo una idea, un concepto de sí mismo y se le dice que ese concepto es él.

El niño que ve que todo el mundo funciona así, que todo el mundo coincide, pues no tiene más remedio que aceptar eso porque no tiene criterio, no tiene sentido crítico propio, por lo tanto, el niño acepta que «yo soy»: Antonio, niño, torpe, etcétera. Es decir, que se forma uno la idea de sí mismo de acuerdo con este juicio que ha recibido del exterior: «yo soy Antonio», pero Antonio es un nombre que me ha venido de fuera, que no tiene nada que ver conmigo, y «soy un niño torpe»; soy torpe porque yo debería ser muy hábil según me dicen y porque soy torpe me critican, me rechazan o, por el contrario, si soy listo, me quieren, me satisfacen unos deseos, me protegen. Y así se le va imponiendo al niño una idea de sí mismo que no tiene, en sí, nada que ver con el niño mismo.

EJERCICIO: Su mirada respecto a ti

Para esta experiencia puedes usar tres cojines para ubicarte en el triángulo original madre-padre-hijo. Respeta tu experiencia en el tránsito de posiciones.

Ubícate en el cojín de tu madre. Usas tu conciencia para verte desde la mirada de tu madre. ¿Cómo ve ella a tu niño interior? ¿Qué reconoce y que no reconoce de tu yo niño?

Luego ubícate en el cojín de tu padre, y realiza la misma experiencia.

Por ejemplo: «Ahora veo que mi padre me veía débil, y con poca iniciativa, aunque me veía inteligente. Parece que no veía mi fortaleza ni mi curiosidad».

> Poner luz en nuestras creencias es poner luz en lo que nos pasó. Y creer de nuevo es crear de nuevo.

Como escribió G. K. Chesterton: «El conocimiento iluminó recámaras olvidadas en la casa oscura de la infancia... Ahora sabía por qué en ocasiones me sentía nostálgico hallándome en casa...».

CREAR UN CUIDADOR INTERNO PROPIO

Una propuesta que proviene del análisis transaccional es la reparentalización.

A nivel cognitivo es necesaria una reparentalización lo más adecuada posible, que consiste en crear en nosotros un cuidador sustituto, que cumple la función normativa y de guía que debían haber cumplido mayormente los padres originales.

¿Cuáles son los aspectos de este proceso?

Reparentalizarse bien. Zig Ziglar dice: «La persona más influenciable con la que hablarás todo el día eres tú. Ten cuidado entonces con lo que te dices a ti mismo».

Si tuve un padre severo, puede ser que sea muy severo conmigo mismo y que, por ejemplo, necesite trabajar el darme un poco de cobijo cuando me equivoco.

Es necesario crear internamente una figura de autoridad benigna en nuestro mapa mental, un cuidador interno, para poder relacionarnos de un modo amable con nosotros mismos por las distintas experiencias por las que transitamos en el devenir del vivir.

> El adulto está bien cuando aprende a reparentalizarse bien, cuando es un buen padre de sí mismo, cuando contiene y cuida sin juzgar a su niño interno, y también se da permiso para ser y sentir quién es.

«Soy cada vez más agradable conmigo mismo cada día. Empiezo a gustarme a mí mismo», dice Sondra Ray.

Tomar aspectos sanos de los padres antiguos. Esta importación de elementos paternales positivos resulta muy sana; no todo es desechable, hubo cosas útiles, aunque solo fuera el cinco por ciento del padre original, es sanador rescatar lo vivenciado.

Sabiendo que había algo que estaba bien en los padres naturales se acelera el proceso de salud y de relación ecológica con uno mismo y con la propia biografía. Este proceso según el AT, sistema de psicoterapia fundado por Éric Berne que observa cómo nos relacionamos desde distintos estados del yo, en su proceso terapéutico cada cliente puede decidir y configurar un nuevo estado funcional del Padre, lo que sería llamado una autorreparentalización. Se trata de mantener/rescatar lo nutricio y rechazar lo tóxico del antiguo para estructurar un Nuevo Padre interno.

Los padres ni fueron tan buenos ni tan malos. Y en los casos en que el pensamiento polariza a los progenitores («mi madre era una santa, y mi padre, un desgraciado»), es sano matizar en lo posible lo desequilibrado, quizá los buenos no eran tan buenos ni los malos, tan malos.

Este trabajo de deconstrucción y reconstrucción de los padres reales, más la construcción de una autoridad interna amable con uno mismo, permite al adulto funcionar, reconocer y vivir en la humanidad de sus padres imperfectos o disfuncionales, y trascender a nuestros padres originales y crear nuestra propia paternidad y maternidad. Lo relevante es liberarse de la antigua carga no deseada. Es necesario como en los videojuegos poder pasar de pantalla, y acceder a un nuevo nivel de juego vital, con un nuevo personaje y un nuevo cuidador interno.

Lo importante es llevarlo a cabo desde el adulto. Esta autoparrentalización se hace y solo es posible desde el adulto.

A veces de un modo inesperado retornamos al niño, el cual no puede «adoptarse» a sí mismo: «Hoy me quedé pensando en por qué mi padre nos abandonó; nunca lo entenderé».

El niño nunca entenderá o encajará del todo por qué fue herido por las mismas personas que le dieron la vida. No está preparado para entenderlo. Incluso en el adulto las heridas cicatrizadas a veces aún duelen y le detonan recuerdos. Es importante atender con cariño, estos «ataques de pasado».

Jacinto Benavente describe la vida como «un viaje por la mar: hay días de calma y días de borrasca; lo importante es ser un buen capitán de nuestro barco».

Esta autorreparentalización nos permite como adultos aprender a reorganizar la información antigua, y aceptar mínimamente a los padres naturales por lo que fueron, además de crear un autoapoyo interno paternal.

Convertirse en el propio tutor. «Ahora yo soy mi tutor, y puedo soltar el pasado». Es decir, cuando desarrollamos a nuestro «nuevo padre» interior reducimos el tamaño de nuestros padres originales y, de paso, su influencia.

El «nuevo cuidador» interno tendrá cualidades positivas elegidas por el adulto para nivelar las cualidades negativas que sus padres antiguos incorporaron.

Este nuevo paternaje y nueva maternidad no sustituye los antiguos, transforma el lugar destinado a los antiguos padres. Es creado por el adulto para filtrar a los antiguos, y solo tomar lo nutricio de ellos, no para eliminar a los padres anteriores, que no fueron perfectos ni podían serlo. En este caso, lo importante es abordar nuestra imperfección desde la ternura hacia nosotros mismos.

Otra labor de conciencia es vislumbrar a quienes nos hicieron de tutores por el camino, así fuera escritores, disciplinas, religiones..., como Hermann Hesse, Krishnamurti, el budismo, o personas físicas que nos hemos encontrado a lo largo de la vida, como una amiga llamada Laura, el mecánico Paco, el profesor Antonio...

El nuevo cuidador interno también es influido por las figuras parentales significativas que hemos conocido a través de nuestras vidas: tomamos elementos de ellos.

Este proceso puede conceptualizarse como muestra la siguiente figura:

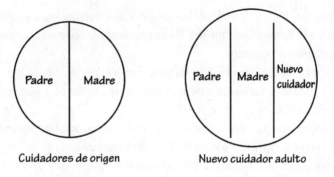

Cuidadores de origen   Nuevo cuidador adulto

EJERCICIO: Tomar lo nutricio de nuestros padres

Elige dos aspectos o actitudes de tu madre que sientes que te pueden ayudar en la vida. Por ejemplo, su sensibilidad.

A continuación, elige dos aspectos o actitudes de tu padre que sientes que te pueden ayudar en la vida. Por ejemplo, su convicción para ser feliz.

Cierra los ojos, conecta con tu cuerpo.

Afirma en voz alta: «Me quedo con la sensibilidad de mi madre», y ahora responde: ¿cómo te sientes al recoger esta cosecha sana?

AFRONTAR LO QUE FUE. EL DUELO FINAL

Tomar al niño herido y conectar con el niño maravilloso desde nuestro adulto es un proceso emocional, potente y profundo, que implica la separación final respecto a nuestros padres originales. Implica afrontar el final de la antigua película infantil. Debemos experimentar y encajar la pérdida del amor o del desamor que vivimos con nuestros padres. Este final de ciclo a veces despierta resistencias. Nos cuesta soltar o acabar ciclos de vida. A veces preferimos tener algo conocido en la mano, aunque nos pese, que sentirla vacía y libre. A veces nos mantenemos en la zona cómoda, aunque suframos en ella, por más incómoda que sea. El apego a lo antiguo es una gran fuente de sufrimiento. Necesitamos dejar ir y perder la sagrada esperanza infantil de ser amado por los padres. Después del desgarro vendrá la liberación. Un duelo es un proceso que pide tiempo y espacio para que la emocionalidad vaya surgiendo.

Todo ello nos hace llevar lastres anteriores. Es bueno aprender a soltar lo antiguo, aunque nos permitamos de vez en cuando por un instante rememorar lo que vivimos.

Asimismo, soltar el pasado traumático es reconocer nuestra edad, y el paso del tiempo. Implica una actualización de nuestro yo biográfico. Se acabó la infancia, se acabó la confluencia con los padres. En el pasado no hay futuro. Tienes que soltar. Debes entrar en el dolor que cura y alivia. El camino continúa, es necesario separarse de lo antiguo. Es muy importante saber que no se trata de que el motivo del duelo desaparezca, sino de saber convivir con la pérdida, y poder metabolizarla todo lo que podamos.

Según Elisabeth Kübler-Ross: «Al pasar un duelo, pensamos por error que podemos dejarlo todo terminado, pero el duelo no es un proyecto con un principio y un fin, es el reflejo de una pérdida que nunca desaparece, solo aprendemos a vivir con dicha pérdida. El lugar donde encaja el dolor es algo individual y, a menudo, se basa en hasta dónde hemos llegado a integrar la pérdida».

Este duelo de lo que fue y de lo que no fue te permite soltar el pasado, y abrir un maravilloso vacío que deja entrar nuevas experiencias. Todo duelo pide lo mejor de nosotros y realizarlo pasa por entrar en el dolor. Implica reconocer la pérdida y sentirla en nuestra carne. Un duelo bien elaborado nos permitirá entrar en un nuevo ciclo. Lo nuevo renueva. Y nos permitirá que no se traumatice cíclicamente la pérdida vivida. Llorar una pérdida nos permite no traumatizarla y dejar de dar vueltas. Atender nuestro sufrimiento por lo perdido nos empodera. Si no soltamos nuestra mochila, la vida nos va pasando; hacer duelos te permite aligerar la carga de nuestra mochila, ya que, como bien afirmaba Ovidio, «El duelo suprimido sofoca. Hace estragos dentro del pecho y está forzado a multiplicar su fuerza».

La fiebre es necesaria para curar un virus. Es importante dejar de tener miedo al vacío, a lo no conocido, a lo nuevo. El vacío puede ser muy fértil, ya que, como apuntaba Fritz Perls, «al penetrar esa nada, este vacío se hace vivo y se llena». De esta «nada», de este nuevo espacio puede aparecer lo nuevo, y una energía creativa hacia nuestra plenitud.

A través de un trabajo de conciencia y de un proceso de masticación, asimilación y digestión de nuestros sufrimientos, podemos aprender a convivir con nuestras heridas, y a vivir en paz con nuestra infancia, adolescencia, juventud para acceder a una madurez en la cual podamos erguirnos desde nuestra dignidad y sabiduría. Un duelo es una oportunidad de crecimiento. En palabras de John Green, «el duelo no te cambia, te revela».

Hacer un proceso de duelo te revela tu poder. Y permite que el dolor antiguo no ocupe demasiado lugar en el presente y que todo lo que hemos vivido se traduzca en sabiduría o en un aprendizaje que muchas veces no es deseado.

La vida es soberana, como dice Joan Garriga; es fuerte, maravillosa y cruel a veces; no te enfrentes a ella, aprende a estar en y con ella. La vida son instantes, habita en ellos. Poder soltar el enojo hacia tus padres, destilar la tristeza que viviste con ellos, reconocer las alegrías que también viviste en su compañía, reconocer aquello que te permitió superar el miedo... Todo ello te permite cerrar una etapa de tu vida, y separarte de ellos, para finalmente vivir tu vida.

Ejercicio: Duelos metabolizados o pendientes

Piensa y responde:

- ¿Cuáles son las tres pérdidas que has vivido?
- ¿Qué te ayudó a transitar estas pérdidas?
- ¿Cuáles son los dos duelos que no has hecho o has evitado hacer?
- Comparte estas respuestas íntimas con alguien de tu plena confianza.

Reciclar lo vivido

«Un ciervo herido salta más fuerte», escribió Emily Dickinson.

Si no hay aprendizaje, el dolor fue en vano, y la posible sensación de injusticia interna perdura al no ser mutada en un patrimonio personal. Mayormente, muchos terapeutas son sanadores heridos, que trabajan desde su sanada herida para facilitar la vida a sus pacientes que sufren por algo parecido aunque no igual.

Transformar nuestras heridas en riquezas es todo un reto que se nos plantea. Ayuda a los demás desde tus heridas, trabaja en ellas para que sean fértiles y recíclalas para valorar más tu vida. Sin ellas no hay desarrollo. Que lo vivido no sea en vano.

Te lo expreso poéticamente:

1
La puerta se abrió lentamente. Entró mi padre.
Me dejó odio y agresividad.
La puerta se abrió lentamente. Entró mi madre.
Me dejó locura y miedo.
La puerta se abrió lentamente. Entró mi hermano.
Me dejo decepción y confusión.
La puerta se abrió lentamente. Entró mi hermana.
Me dejo mentira y falsedad.
2
La puerta se abrió lentamente. Entró mi padre.
Me dio fuerza y poder sexual.
La puerta se abrió lentamente. Entró mi madre.
Me dejó sensibilidad y aguante.
La puerta se abrió lentamente. Entró mi hermano.
Me dejó diversión y creatividad.
La puerta se abrió lentamente. Entró mi hermana.
Me dejó amabilidad y limpieza.
3
Ahora la puerta es mía.

Es mi responsabilidad ordenar todo lo que hay en mi habitación.

Gracias por lo dado y por lo no dado.

Desde ambas realidades me desarrollo.

CAMBIAR LA REPRESENTACIÓN

Un buen proceso terapéutico nos permite entrar en nuestro dolor y transformarlo. pudiendo transformar lo hiriente en numerosos recursos personales para una mayor felicidad tuya y de los que te rodean. Esta alquimia permite que la persona se eleve por encima de sus circunstancias.

Para David R. Hawkins: «A menudo, solo estamos dispuestos a cambiar cuando tocamos fondo, cuando llegamos al final de un curso de acción y contemplamos la derrota de un sistema de creencias fútil. La luz no puede entrar en una caja cerrada; el lado positivo de una catástrofe puede ser que nos abramos en un nivel superior de conciencia. Si vemos la vida como un maestro, se convierte exactamente en eso. Pero, a menos que seamos humildes y transformemos las lecciones en puertas hacia el crecimiento y el desarrollo, las dolorosas lecciones de vida que nos damos a nosotros mismos se desperdician».

Esta labor a veces es ardua y pide una íntima colaboración entre terapeuta y cliente.

O que la persona haga por sí misma un profundo reinicio o cambio de chip, después de darse muchas veces con la misma piedra o de otorgarse definitivamente el derecho a ser feliz. Extraer oro de las heridas pide de una decisión clara y firme de transformar y usar lo vivido para ser un buen padre, un buen compañero, un buen profesional, un buen amigo o, sencillamente, una persona humilde y feliz.

EJERCICIO: El aprendizaje de lo que nos dolió

Piensa y escribe:

- Dos situaciones vitales que sientes que te hirieron de forma profunda y dos cosas que aprendiste de cada una.
- Dos desengaños que te hirieron de forma profunda y dos cosas que aprendiste de cada uno.

Las heridas trabajadas, vivenciadas y elaboradas nos permiten lo que algunos autores llaman cambiar la representación, y nuestras heridas se transforman definitivamente en riquezas personales. Lo que fue percibido de un modo doloroso es vivido como un punto de apoyo para gestionar situaciones actuales o futuras, se da una nueva representación a lo vivido.

«Vivir con mi padre me proporcionó un buen detector de maltratadores».

Este cambio de representación es resultado de todo un proceso de sanación; no se puede empezar la sanación por la última puerta, antes es necesario dar espacio y permiso a nuestro dolor y emocionalidad.

La independización

Somos hijos de la fusión con otro ser, mayormente con la madre. Debemos diferenciarnos de nuestra fusión original. La vida es un proceso de maduración para ser uno lo que es. Haciendo un recorrido desde el estado de indiferenciación inicial hasta una realización lo más completa posible del ser de cada individuo.

Después de pasar por alguno de los pasos anteriores, el adulto está preparado para trascender a su yo biográfico e ir más allá de sus condicionamientos para ser él mismo.

Esta independencia pide un golpe en la mesa, ahora toca ser quien soy. Es un acto de afirmación fundamental que puede sucedernos o no. Hay personas que nunca clamarán por su independencia. Es un despertar intencionado y voluntario.

Estos procesos internos de diferenciación y actualización de nuestra identidad nos permiten iniciar, como dice Berne, un divorcio amigable de los padres, en lugar de un divorcio hostil. Y un poder retirarse definitivamente de la confluencia padre-hijo y madre-hijo. Se vive así la última separación emocional.

La última separación emocional sería una diferenciación definitiva que nos permite entrar en una vida liberada de lo antiguo, del condicionamiento de la antigua herida. Según Joseph Campbell, «El horizonte familiar de la vida se ha sobrepasado, los viejos conceptos, ideales y patrones emocionales dejan de ser útiles».

Deja a tus padres con su destino. Diferenciémonos definitivamente del triángulo original para tomar nuestro camino vital. Se trata de entrar en un proceso de independización.

Esta diferenciación es una liberación y una autoafirmación.

Esta forma de desarrollo propia de la especie humana fue denominada por Jung como «proceso de individuación». No se trata aquí de caer en una exaltación del carácter individualista, sino de la realización de nuestra unicidad como individuos mediante la ampliación de nuestra conciencia. Se trata de retornar al ser antes del yo y a desarrollarse desde allí. Jung lo define en estos términos: «No distinguimos suficientemente entre individualismo e individuación. Individualismo significa enfatizar y conferir importancia, de modo deliberado, a una supuesta peculiaridad, más que a consideraciones y obligaciones colectivas. [La individuación] solo puede referirse a un proceso de desarrollo psicológico que realiza las cualidades individuales dadas; dicho de otra manera, es un proceso por medio del cual un ser humano se convierte en el ser definido, único que es. Al hacer esto, no se torna "egoísta" en el sentido ordinario de la palabra, sino que meramente se encuentra realizando la particularidad de su naturaleza y esto, como hemos afirmado, es radicalmente diferente de egoísmo o individualismo».

Se trata de ser lo que uno es, de una vez por todas. Eres único.

Este proceso de independencia pasa por preguntarse y recordarse cada día «¿quién soy?» y «¿qué vine a hacer aquí?». Y qué es lo que no soy, no soy ni mi yo traumático ni mi parte miedosa.

Estamos en la búsqueda del propio ser y del sentido vital. Buscamos vivir un yo más profundo.

Por otra parte, Jung dice que «la personalidad saludable se mantiene equilibrada entre el trabajo, el ocio, el amor y un aspecto de la personalidad llamado espiritualidad, que también podríamos definir como la búsqueda del valor y del sentido».

Quién soy, entonces

Si hasta ahora nuestra respuesta era en función de los esquemas biográficos y la mayoría, por no decir todos, se han venido abajo o han concluido, ¿quién soy ahora? No podemos referenciarnos desde nuestros padres, es necesario autorreferenciarse y autoproclamarse desde uno mismo.

Para ello es importante entrar en un viaje de individualidad; al principio quizá hallemos la nada y poco a poco entremos en un proceso de descubrimiento del sí mismo, de gran riqueza y plenitud.

Más allá del pasado, del padre y la madre, de la primera parte de tu vida:

Te invoco a saber quién eres,
te invoco a que te preguntes qué haces aquí,
te invoco a dejar el pasado en un saco,
a soltar lo que te dolió para que se pudra o florezca,
te invoco a vivir dignamente
y a morir dignamente, en paz con lo que eres y fuiste.
Te invoco a renacer,
te invoco a dar la mejor versión de ti mismo.

El proceso de individuación coincide con el desarrollo de la conciencia que busca al ser. Activemos esta búsqueda. Y si nuestros ojos están habituados a ver las cosas de una determinada manera, es necesario trabajar con nuestra conciencia para desarrollar una percepción propia y actual lo más amplia posible. Más allá de la mirada de siempre, mira la realidad real. Debemos estar muy atentos, y no despistarnos, no podemos darnos el lujo de tener una mala vida.

Este es el arquetipo del ser o del mago; en definitiva, vamos más allá de nuestra biografía para ser lo que somos, y ser la mejor versión de nosotros mismos, acercándonos a nuestra indestructible alma y conectando con nuestro hombre sabio o mujer sabia.

Construir un nuevo «yo soy yo»

Tal como dice Osho: «No importa que te amen o te critiquen, te respeten, te honren o te difamen, que te coronen o te crucifiquen; porque la mayor bendición que hay en la existencia es ser tú mismo».

Se trata de trascender, en el sentido de ser más que el yo biográfico. La persona vive en un constante reajuste en su relación con el mundo.

La nueva afirmación una vez sanados nuestros traumas anteriores es «YO SOY». Nos encontramos con nuestra individualidad, el yo personal que sentimos en nuestro pecho. Nos percibimos a nosotros mismos diferenciados del mundo, y a los otros, como seres reales e independientes con los que estamos en relación; diferenciamos el yo-tú. Para llegar a sentir nuestra individualidad, dejamos de proyectar nuestro mundo interno en el otro, «lo que es mío es mío y lo que es del otro es del otro», al mismo tiempo que somos capaces de percibir al otro y la realidad externa.

Salimos de nuestro antiguo drama interno, al limpiar nuestras heridas nos hemos purificado, y nuestro cuerpo y mente se renuevan.

La persona investiga sobre sí misma y se autoconstruye, una vez que ha filtrado lo que fue su vida pasada.

Mientras que, al comienzo, el organismo humano madura apoyado por los soportes sociales que le exigen el desarrollo de un ego, la individuación consciente solo puede realizarse con base en un compromiso personal activo del individuo con la continuidad de su propio crecimiento interno. En la individuación, dejan de ser prioritarios el ego y el otro.

Para Jung, la personalidad «no se puede desarrollar nunca sin que se elija conscientemente y con consciente decisión moral el camino propio».

La persona se vincula a sí misma de otra manera. Ya no es víctima de su pasado ni un salvador de nadie, no se persigue, se trata con respeto y cuidado, ya sabe de forma contundente que debe hacerse cargo de sí misma y espera poco de los demás sin aislarse del mundo. Vive la vida y se relaciona con ella, escucha y aprende, se comporta con prudencia respecto a los demás, busca vivir con ilusión, se pone retos y va por ellos con convicción sin caer en la pasividad ni el estrés. Reconoce su capacidad y recursos. Reconoce su creatividad y empieza a jugar con el misterio de la vida.

Su toma de conciencia es alta y vive en una permanente escucha con su mundo interior; desde su interioridad se relaciona con el entorno.

El no esperar tanto de lo externo y buscar su interioridad le permite potenciarse de dentro hacia fuera, lo cual reduce la frustración, la impotencia, los desencuentros... Tiene claro lo que sí depende de ella, y asume su responsabilidad y protagonismo.

Se aceptó el final y se inicia el propio despertar.

La persona inicia el camino hacia su luz. La misma luz que no permitió que nuestro niño cayera en la oscuridad total, fuera en forma de psicosis, trastornos de personalidad o adicciones.

La confianza que depositó de forma natural en sus padres ahora se la da a sí mismo.

Las preguntas que debe hacerse ya están respondidas para siempre, ya no da más vueltas a lo que pasó. Deja atrás lo que nunca fue de él. Su padre tuvo su oportunidad, su madre también la tuvo; era su destino, no el tuyo.

Ahora queremos aprovechar nuestra oportunidad.

En el siguiente texto Marianne Williamson lo pone de manifiesto:

Finalmente he dejado el miedo, el recelo y he puesto mi confianza en mí misma. No es fácil. Los fantasmas a veces vienen, pero yo quiero salir al mundo y tener una buena vida.

Nos conectamos a nuestra grandeza. Merecemos ser reyes.

Nuestro miedo más profundo no es a ser incapaces. Nuestro miedo más profundo es que somos poderosos más allá de toda medida. Es nuestra luz, no nuestra oscuridad, lo que más nos atemoriza. Nos decimos a nosotros mismos: ¿quién soy yo para ser brillante, genial, talentoso y fabuloso? En realidad, ¿quiénes somos nosotros para no serlo? Tú eres un hijo de Dios.

El hecho de hacerse pequeño no sirve al mundo. Nada hay de iluminación en encogerse para que otros no se sientan inseguros a tu alrededor. Todos tenemos que brillar como hacen los niños. Nacimos para manifestar la gloria de Dios que llevamos dentro. Y no está solo en algunos de nosotros, está en todos. Cuando dejamos que nuestra luz brille, inconscientemente damos permiso a los demás para que hagan lo mismo. A medida que nos liberamos de nuestro propio miedo, nuestra presencia libera automáticamente a otros.

Finalmente hemos llegado a nuestro yo profundo.

El necesario trabajo de conciencia de los padres

> *Si quieres ayudar a tus hijos, trabaja en ti.*
>
> GURDJIEFF

En realidad, el trabajo interno le va bien a cualquier adulto, sea padre o no, pero por el hecho de tener un hijo resulta muy recomendable el trabajo sobre uno mismo. Por lo tanto, es esencial que el guía sea consciente de este aspecto y, en consecuencia, que esté preparado para ofrecer una buena orientación.

Dirigir la conciencia a la crianza abre una nueva oportunidad para revisar nuestros asuntos, y precisa sanar, o como mínimo atender, a nuestro niño interno para que interfiera lo menos posible en la relación con nuestro hijo y evitar el traspaso a este de nuestras dificultades neuróticas. Él no tiene ninguna culpa de nuestras neurosis o de lo que nos pasó o dejó de pasar.

En este caso, la misión es doble: sanar a nuestro niño interior y ser buenos padres, facilitando así que un niño sea dañado lo menos posible por nuestras secuelas traumáticas.

PADRES CONFUNDIDOS

Para empezar, querido lector, y como toma de conciencia inicial, te presento una lista de tipos de padres «confundidos» y te hago una pregunta crucial: ¿cuál o cuáles de estas variantes te suena?, ¿cuál le duele o impacta más a tu alma?, ¿cuál reconoces más?

En algunos momentos, todos podemos ser uno de estos diez padres. Para criar hijos felices y emocionalmente inteligentes, la cuestión es darse cuenta, momento a momento, desde dónde ejercemos nuestra posición de cuidador, reequilibrarnos cuando nos perdemos y dar lo mejor de nosotros mismos en el difícil arte de la crianza.

Te pido que leas estas líneas de modo receptivo y poniendo la atención en el efecto que tendría en tu ser tener un cuidador de este tipo. Escucha tu eco corporal, emocional y cognitivo al leer la lista siguiente.

- Padres *hipercríticos*: dicen cosas como «Te equivocaste», «Tendrías que saber hacer esto», «¿Todavía no sabes amarrarte las agujetas de los zapatos?»... Solo señalan lo malo, lo erróneo o lo equivocado. Son especialistas en no respetar el tempo de aprendizaje del niño y fuentes de inadecuación. Creen que enseñan cuando en verdad cancelan el aprendizaje y le muestran e identifican al niño con una identidad carente.
- Padres *hiperprotectores*: dicen cosas como «Te llevaré encima siempre que llueva», «Te lo hago yo», «No te preocupes, yo me hago cargo de todo» o «Dime si esos niños te molestan». El niño es una extensión suya, el cordón umbilical ata y ahoga.
- Confianza cero y mucho control disfrazado de amor. Especialistas en crear dependencia, debilidad, laxitud y sensación de inutilidad. Posiblemente *a posteriori* se quejen de estas creaciones.
- Padres *inconsistentes*: hoy dicen una cosa y mañana otra distinta, hoy todo está bien y mañana lo mismo puede ser una porquería. El martes pueden decir «Lo siento, debes llegar a casa a tu hora», y el miércoles, «No me importa lo que hagas, simplemente déjame solo». El niño no sabe a qué atenerse, un día le ponen los zapatos y al siguiente se enojan porque no lo hace

solo. Necesitamos una mínima estabilidad y coherencia para tener una referencia consistente desde la cual desarrollarnos. Son creadores de desorientación y alteración en el sistema nervioso infantil.

- Padres *conflictivos*: discuten casi todos los temas, con gritos, reproches o de forma tácita, calmada, racional, cruel, divertida. La agresividad es normalizada. El conflicto se transforma en una forma de relación. El niño es permeable a un estrés y a un conflicto que no es suyo. Puede entrar en una tristeza silenciosa ante el conflicto de dos seres a quien ama o en una alerta interna que no puede apagar. El padre y la madre a nivel psicológico forman parte del niño, el cual experimenta estas dos partes conflictivas entre sí. Especialistas en crear adultos que tenderán a retirarse, a evitar o a crear conflictos, o que viven en tensión excesiva.

- Padres *ausentes* de cuerpo presente: son aquellos que están en casa, aunque no se dan en la relación, no establecen contacto ni emocional ni corporal, se aíslan en un determinado cuarto, butaca, despacho, o en una actividad o un trabajo determinados y declaran: «Lo siento, estoy ocupado», «Estoy cansado» o «Ahora no, quizá mañana». Se hacen los sordos para no atender al niño, lo apartan o directamente viven en un iglú. En su aislamiento, el otro no existe, el niño tampoco. Son un clásico atemporal.

- Padres *superorganizados*: lo procesan todo, no se muestran humanos, más bien maquinales. Todo pide ser ordenado, el niño también. El niño no se siente muy visto, el orden y el control son más importantes que el ser, más bien se siente como un objeto que ordenar. No hay un contacto directo entre padres-hijo, siempre se interpone una tarea, un plan o un objetivo. Mucho supuesto orden y poca humanidad. Mucha fachada y poco calor humano. La máquina eclipsa lo mamífero.

- Padres *sobrenecesitados*: esperan ser cuidados y que todo fluya mágicamente. Su estado niño interfiere con el niño real. Se ponen de igual a igual con el niño. No se sabe si hacen las cosas por sus hijos o para ellos mismos. El niño no siente tener un adulto que pueda tomar como modelo o en quien apoyarse. Sin modelo de autoridad, hay un vacío de orientación.

- Padres *Jekyll-Hyde*: son ahora tiernos y comprensivos, ahora iracundos y autoritarios. Son Gandhi y Trump. Imprevisibles, oscilantes, irritables, volubles, cualquier cosa puede pasar. ¿Quién es quién? Surgen hijos de la duda, ansiosos e hiperalertas, que se preguntan: «¿Hoy qué toca: luz u oscuridad?», ¿«Vendrá un tsunami o una agradable brisa?».

- Padres *sobrenaturales*: confían en el universo y en el abismo. La naturaleza cuidará al niño en mi ausencia, mientras yo como tranquilamente. Dan poderes a los árboles y a los ángeles: «¿Dónde está el niño?», «No lo sé, estaba cerca de las rocas». De la sobreconfianza a la despreocupación sin culpa ni conciencia de esta. Ni rastro de un mínimo de prudencia sana. El universo desempeñará el papel de niñera. Usan lo espiritual para justificar su ausencia.

- Padres *fanáticos* de las leyes. Las normas deben ser cumplidas. Las leyes nos salvarán. Si el niño está bien o mal emocionalmente, no importa, la ley lo sanará; si hay que ir a dormir a las nueve y el niño ha tenido un día difícil y está triste, que se aguante, la ley es la verdad y a la larga estas normas sagradas lo harán un hombre o una mujer de provecho. Lo normativo está por encima de la experiencia. Especialistas en crear futuros adultos, sumisos o rebeldes, que se darán poco o ningún permiso y, cuando lo hagan, se sentirán terrible o directamente se harán daño a sí mismos. Te amo, pero la ley es la ley. La ley del amor es derrocada por la normativa.

Darnos cuenta de nuestras formas de ser, pensar o hacer nos permite captar cómo entramos y salimos de estas formas disfuncionales de tratar al niño. Es inevitable entrar en callejones sin salida, la cuestión es reconocerlos y encontrar una forma de salir. Y por el camino, aprender otras formas de actuar.

Toda esta labor de atención, intención y esfuerzo va en pos de que los niños puedan ser la mejor versión de sí mismos y tener unas buenas relaciones. En definitiva, proveerlos de suficientes recursos corporales, cognitivos y emocionales para tener una buena vida. En esta labor de conciencia, padre y niño crecen juntos.

Nos pueden ayudar las lecturas de cómo realizar una crianza consciente, una terapia individual o el asesoramiento de un profesional de la educación. Solos nos cuesta ver nuestros puntos ciegos o dificultades. Lo traumático que hemos vivido sesga nuestra percepción y podemos caer de forma automática en modelos disfuncionales.

Te cuento un cuento cheroqui:

Un hombre le dijo a su nieto:

—Siento como si tuviera en el corazón dos lobos que se están peleando. Uno de ellos es violento, está siempre enojado y queriéndose vengar. El otro está repleto de perdón, compasión y amor.

El niño le preguntó:

—¿Cuál de los dos será el que gane la pelea y se quede en tu corazón?

A lo que el abuelo le respondió:

—El que yo alimente.

Todos llevamos a cuestas una forma crítica y una forma nutricia de ser padres, y de interpretar las situaciones por las que transitamos. Recuerdo un cumpleaños del hijo de unos conocidos en el cual mi hijo no quería jugar con los demás niños; sus amigos, de hecho, no paraban de insistir en que lo hiciera hasta que, afortunadamente, él me desveló que no quería porque había una niña mayor que quería mandarlos a todos, y él no quería someterse. Para mí fue una enseñanza y una toma de conciencia de que primero hay que indagar antes que escuchar la voz crítica y forzar lo aparentemente correcto.

Transmitirle nuestra luz

El verbo «educar» proviene del latín *educare*, que deriva de *educere*, compuesto por: *ex* («fuera de») y *ducere* («guiar, conducir»). Desde esta acepción, educar vendría a ser guiar a una persona. No es fácil educar a un niño. Nada fácil. Requiere conciencia y esfuerzo de un modo continuo. Ambas cosas nos aportarán otros ingredientes para hacer una buena crianza.

Para empezar, si estamos mínimamente atentos, tener un hijo despierta a nuestro niño interior herido, el adulto se conecta, consciente o inconscientemente, a sus heridas infantiles al atender a su hijo. Quizá debería ser obligatorio sanar a nuestro yo niño lo máximo posible antes de tener un hijo para poder así transmitirle una mayor luz y evitar transferirle nuestras oscuridades antiguas. Este debería ser un compromiso ético de todos como personas y como sociedad. Y tener un hijo debería implicar sí o sí la realización de un mínimo de proceso de autoconocimiento del adulto para salvaguardar al niño de nuestra neurosis.

Decía Wilhelm Reich que «la prevención de la neurosis en el mundo solo será posible cuando aprendamos a cuidar de quien todavía está sano, de quien aún no fue dañado: nuestros niños».

Para el adulto-padre, tener un hijo puede implicar todo un viaje al pasado y una oportunidad de sanación. Tener un hijo es un buen impacto a nuestro *statu quo* y nos reconecta con episodios del pasado, felices y traumáticos.

EJERCICIO: Nuestras demandas legítimas

En posición sentada, observa tu respiración y tu postura. Nota el contacto con el suelo, nota tu sostén, realiza pequeños movimientos para acomodarte y sentir el apoyo de tu columna.

Ubica dos cojines enfrente de ti. Invoca y conecta con tu niño interior; tienes de cero a siete años y estás enfrente de tu padre, lo hayas conocido o no.

- ¿Cuáles son las dos peticiones que le haces? ¿Cómo te impacta a nivel emocional y corporal darte cuenta de tu demanda?
- ¿Qué es lo que te dio tu padre se lo pidieras o no? ¿Cuál es tu reacción emocional y corporal ante lo que no te dio?
- Desde el adulto y en la actualidad, ¿qué haces con lo que no te dio?

Por ejemplo: «Yo le pedía orientación y compañía. Mi padre me dio fuerza y astucia. Ahora pido ayuda con claridad y busco compañías sanas».

Conviene darse tiempo y espacio entre consigna y consigna para contactar con la sensibilidad de tu niño/a interior de una forma delicada. Si aún tenemos energía para ello, repetimos la misma secuencia con la madre o lo hacemos en otro momento.

El adulto debe dejar de esperar lo que demandó de pequeño. ¿Cómo vives en el presente lo recibido o lo no recibido?

¿Cómo te haces cargo de tu niño/a para dejar de esperar que vengan los padres a darte lo que necesitas o necesitabas?

UNA DOBLE OPORTUNIDAD

Renunciar a lo que no fue duele y también nos libera. A veces nos pesa más lo que no pasó que lo que pasó. Hacer y entrar en procesos de duelos nos permite elaborar lo que perdimos o lo que no tuvimos, para que nos deje de condicionar. Hacer un duelo es doloroso, pero más lo es vivir condicionado por el pasado.

«Estuve dos años para asimilar que mis padres me abandonaron, pero ahora soy más feliz que nunca».

«Perdí mi infancia, pero no quiero perder mi futuro», «No quiero vivir con miedo al conflicto».

La vida no nos debe nada. Te lo debes tú.

Definitivamente es importante cuidar a nuestro niño interior para que nuestras expectativas no cumplidas no limiten o hagan daño a nuestra vida y quizá también a nuestro hijo: «Veo a mi hijo y no paro de pensar en mi padre», «No entiendo qué le pasó a mi madre con nosotros, cómo fue capaz de abandonarnos», «A mí no me cuidaron, tengo que desvivirme por mis hijos».

Ser padre exige la responsabilidad de trabajar con nuestro niño para proyectar lo menos posible las secuelas de nuestras heridas. Muchas de nuestras conductas o vivencias disfuncionales paternas con nuestros hijos son detonadas por nuestras antiguas heridas: «Ya sé que me paso de protector, pero es que no puedo evitarlo», «Cuando mi hijo está insoportable, me dan ganas de irme», «Casi cada día le compro un cochecito a mi hijo».

Si tu niño interior herido no está mínimamente cuidado, educarás a tu hijo desde tus heridas, desde tu niño interior dolido, egoísta, enojado, aterrado, caprichoso, demandante, triste... Nuestro niño herido no puede ni debe educar a un hijo, no es su cometido. Mientras que nuestro niño natural sí puede jugar con los recién llegados. Un niño debe ser cuidado por un yo adulto junto a su niño natural, pero siempre con la presencia del yo adulto. La herida del niño interior se manifiesta de muchas formas y las secuelas de nuestros traumas pueden impregnar de forma sutil u obvia tu crianza. Aunque desde tus buenas intenciones hagas lo contrario de lo que te hicieron, esta forma no siempre es la más efectiva, e igualmente tu antiguo dolor impregna al recién llegado y condiciona tu crianza, aunque sea por oposición al pasado. Esto no es bueno ni para ti ni para el pequeño. No se trata solo de evitar la orfandad de tu hijo, se trata de sanar la tuya.

El siguiente fragmento de Jean Illsley Clarke y Connie Dawson lo ilustra:

«Cuando pensamos en el bienestar de nuestros hijos, planeamos darles aquello que nosotros no tuvimos. Luego, cuando llega el primer niño, nos topamos cara a cara con la realidad de que ser padres es mucho más que un tierno sueño. Unos días nos encontramos haciendo las cosas que prometimos no hacer nunca o cedemos. Necesitamos desarrollar habilidades, a menudo demasiadas, que no aprendimos en nuestras familias de origen».

Cuidar a nuestro niño interior herido es importante por muchos motivos, pero a mi modo de ver es necesario para ejercer una buena crianza. Necesitamos hacernos cargo de nuestro niño herido y aprender habilidades que no pudimos desarrollar en nuestras familias de origen.

Esta cuestión tiene una doble vertiente.

Es nuestra responsabilidad poder ser padres y madres que reduzcan la transferencia a nuestros hijos de las secuelas de la herida interior que arrastramos desde nuestra infancia. Trabajarse el niño interior evita transferir muchos contenidos propios al desarrollo genuino del hijo. Debemos intentar que nuestro hijo reciba una mínima dosis de nuestra contaminada neurosis. Nuestra herida primaria no debe eclipsar su luz.

Los adultos que tienen hijos tienen una gran oportunidad para reconciliarse con su niño interior y recuperar su vitalidad. Podemos transformar y usar nuestro daño recibido en riquezas para nuestros descendientes.

Se trata de transformar/reciclar nuestro dolor para que este sea una riqueza para nuestros hijos y cesar los antiguos dolores, heridas, resentimientos y reproches de una forma definitiva. Esta tarea implica sacar las malas hierbas, dejar que se pudra lo inútil y crear un campo de cultivo limpio y fértil con buenos nutrientes.

En esta línea, algunos testimonios de clientes son: «La verdad es que tener un hijo me dio la oportunidad de reconciliarme con mi pasado», «Finalmente pude ver que mi hijo no soy yo», «Con los berrinches de mi hijo no tuve otra que recordar los ataques de ira de mi padre, y me fui corriendo al terapeuta, con el cual finalmente pude soltar mi dolor; ahora disfruto más de mi hijo».

En la crianza se vive una experiencia de intercambio nutricio, mientras cuido el desarrollo del ser recién llegado puedo sanar mi ser. «Interser».

La autoobservación como camino

Anthony de Mello define así el concepto de «autoobservación»:

«La autoobservación —observarse a sí mismo— es importante. No es lo mismo que estar absorto en sí mismo. Estar absorto en sí mismo es estar preocupado por sí mismo, es estar interesado en sí mismo, estar inquieto acerca de sí mismo. Estoy hablando acerca de la autoobservación. ¿Qué es eso? Significa observar todo en usted mismo y alrededor de usted tanto como sea posible».

> Para ser capaces de construir una relación padre/madre-hijo saludable necesitamos poner conciencia, conciencia y conciencia. La conciencia nos llevará a acciones saludables.

No solo como padres, como individuos, el tener conciencia de nuestra experiencia presente, de nuestros automatismos, impulsos, tendencias, etcétera, nos permite reconocer lo que nos surge, saber de dónde viene, si es pasado o nuevo, y así compensarlo y canalizar nuestra energía sin hacer o hacernos daño:

«Mi reacción automática es regañar a mi hija cuando hace algo que no me parece correcto». Compensación: «Me acerco a ella, la miro y le doy la mano».

«Cuando mi hijo no me hace caso me deprimo». Compensación: «Me recuerdo que hacerme caso no es un imperativo divino y que quizá deba buscar otra forma de poner límites».

«Si un niño se mete con mi hija, me dan ganas de intervenir y de defenderla inmediatamente». Compensación: «Respiro hondo, confío en sus recursos y le pregunto si necesita algo de mí».

La conciencia nos da unos segundos para maniobrar con nuestros movimientos internos automáticos y conectar con nuestros recursos.

La conciencia de las experiencias que nos son fáciles o difíciles de sostener en nuestras relaciones, bien sea con adultos o con niños, nos posibilita una mejor gestión de nuestras vivencias, dejar de caer en automatismos y no contaminar el presente con nuestras viejas angustias: «Cada vez le dejo más espacio a mi hijo y confío plenamente en que se defienda él solo de los otros niños».

Como adultos o cuidadores primarios debemos autoobservarnos en la relación progenitor-niño para ofrecer al niño y a nosotros mismos una relación y una experiencia de calidad, buscando así ser una fuente de nutrición y salud, potenciando el autodesarrollo infantil y el adulto. Los niños merecen ser felices y nosotros también.

Este cuento lo ilustra:

Los tres leones

En aquella selva tenían un serio problema. Allí vivían tres leones, todos igual de fuertes y posibles candidatos a rey. Así que, decidido a resolver el dilema, el mono, representante electo, los convocó a una reunión.

—Es verdad, una selva no puede tener tres reyes —comentaron los felinos.

Después de mucho deliberar, el consejo de animales llegó a una conclusión y se la comunicaron a los leones:

—El reto al que deberán enfrentarse es la Montaña Difícil. Quien llegue primero a la cima será proclamado nuestro rey.

Todos los animales se reunieron al pie de la montaña más alta y quedaron decepcionados, pues ninguno de los tres fieros leones superó el reto. Sin embargo, un águila vieja y sabia, que había sobrevolado la escena contemplándolo todo, dijo:

—El primer león declaró: «¡Montaña, me has vencido!». El segundo repitió: «¡Montaña, me ganaste!». El tercero tampoco tuvo suerte y bajó derrotado, pero declaró con actitud de ganador: «Montaña, me has vencido, pero ¡tú llegaste a tu tamaño final y yo estoy aún creciendo!». Así que este debe ser el rey.

Aún no llegaste al límite de tu potencial y de tu excelencia, necesitas reintentarlo hasta ser rey. Mañana lo reintentaremos de nuevo. Todos merecemos ser reyes.

Ser rey requiere de autoobservación, la cual nos facilita darnos cuenta de nuestra experiencia en curso, en el presente cambiante, y nos aporta poder para hacer algo con ella. Poco a poco la conciencia reinará por encima del yo trauma, el cual será reconocido, atendido y finalmente podrá descansar.

Necesitamos una doble visión que nos facilite gestionar y atender dos experiencias, la nuestra y la del niño, para que encajen del modo más ecológico posible en un presente cambiante. Se trata de una observación interna y externa que se convierte en una observación panorámica que abarca el campo adulto-niño-ambiente.

Tener una conciencia mínima de lo que nos pasa y de cómo vivimos lo que nos pasa facilita que nuestra experiencia pasada o nuestra angustia actual no interfiera en lo que necesita el niño y poder acompañarlo en el presente. La autoobservación nos aporta un mayor alineamiento respecto a su necesidad y la posibilidad de ofrecer una orientación clara teniendo en cuenta su experiencia y la nuestra en el presente. Los niños y los adultos necesitamos claridad. Somos responsables de atender a sus necesidades y a las nuestras de una forma clara. La claridad nos da salud.

Esta doble conciencia es acompañada de una intención y de unas conductas que facilitan un fluir sano.

Veamos la siguiente escena:

Situación: el niño llora desconsoladamente porque su mejor amigo no juega con él.

Secuencia de reacciones, respuesta consciente y resolución de la situación:

- Me conecto con mi enojo.
- Veo a mi hijo llorando y triste.
- Mi intención es dar espacio a su tristeza sin sacarlo de ella y que pueda transitarla para buscar una vía sanadora.
- Lo abrazo y le digo: «Estas cosas pasan, es raro que alguien que te quiere no juegue contigo, pero bueno, a veces pasan estas cosas, ¿necesitas algo o prefieres descansar un poco?».
- El niño dice que sí con la cabeza, llora unos segundos más, se queda en silencio abrazado a su padre y después de forma mágica se levanta para ir a jugar con otro amigo.

A veces la magia aparece y a veces no. Nuestro compromiso es buscarla. Lo importante es mantener nuestra conciencia en lo que va sucediendo junto a una mínima claridad en nuestra intención y conducta.

LA EXPERIENCIA DE LOS PADRES NO ES LA DEL NIÑO

El darse cuenta de nuestra experiencia presente nos aporta un mayor margen de maniobrabilidad a la hora de ajustarnos al niño/a para buscar una solución lo más ecológica posible a las situaciones por las que transita.

> A un mayor darse cuenta personal, más claridad a la hora de percibir nuestra experiencia, la necesidad del niño y de ofrecerle una respuesta «educativa».

El arte del cuidado requiere práctica y confianza. Así, «cuando mi hija tiene miedo, le agrada que le dé unos segundos de pausa, tengo que reprimir mi impulso de sacarla del miedo» (reconocimiento emocional del niño y contención de nuestro rol de salvador).

Se trata de poner una conciencia de base, con un esfuerzo de atención sostenible, para encontrar maneras de gestión y cubrir necesidades, pudiendo equilibrar nuestros deseos, tendencias, impulsos o acciones propias en pos del bienestar del niño.

Gestionando nuestras experiencias y nuestra angustia podemos atender de un modo más adecuado las de nuestro hijo.

EJERCICIO: Invoca tus recursos

Siéntate en posición meditativa. Respira, entra en tu interioridad. Invoca una imagen de tu fuerza, permítete sentirla en tu cuerpo.

Ahora, invoca una imagen de tu impulsividad, déjatela sentir en tu organismo. Respírala, siente cómo es posible sostenerla sin accionarla de un modo precipitado. Necesitamos familiarizarnos con nuestras energías internas.

CUANDO LA REPETICIÓN ES DAÑINA

Si sigues explotando o deprimiéndote por lo mismo de siempre, alimentas un esquema antiguo que nunca te ha funcionado, que nunca te ha sentado bien y que perturba tu visión, limitando tu potencial. Lo puedes hacer mejor y lo sabes: «Me enoja mucho que no me haga caso, tengo que respirar hondo y hablar con él lentamente», «Si no me siento vista por mi hija, me entristezco; ahora sé que es algo mío, no es que ella no me quiera», «Muchas veces soy yo quien necesita cariño más que mi hija»...

Reconocer qué nos pasa mientras nos pasa nos facilita ofrecer opciones más nutricias a nuestros hijos en las situaciones fáciles o difíciles por las que transitamos como cuidadores implicados en el campo relacional niño-cuidador.

La vida nos sucede, y nos sucede rápido. El darse cuenta nos permite compensar la inercia y lo automático para ganar un mayor margen de sostén y gestión de nuestras vivencias.

Dentro de este proceso, una mayor autoobservación nos permite desarrollar un conjunto de recursos que nos facilitan acompañar nuestra experiencia y la del niño: «Desde mi ansiedad la hubiera sacado del tobogán a la primera de cambio» (reconocimiento del estado propio y contención de nuestro impulso inicial), «Cuando un niño pega a mi hijo en el parque, me da mucha rabia» (reconocimiento de una situación que me es difícil y que me detona emociones intensas). La conciencia nos permite modular y moldear nuestra experiencia y conducta.

Es importante reconocer nuestros automatismos para aprender a compensarlos: «Sé que cuando mi hijo se equivoca se detona en mí mucha exigencia, me doy dos segundos para respirar y poder empatizar con que necesita aprender».

EJERCICIO: Los automatismos

Contesta lo más rápido posible:
¿Qué surge en ti si...

- tu hijo es empujado por otro niño?
- tu hijo es excluido de un juego por un niño mayor?
- tu hijo no sabe pronunciar algunos fonemas?
- tu hijo pierde un juego?
- tu hijo no entiende algo evidente?

Responde desde lo automático para reconocer tus primeros impulsos, que al final son los que deberás compensar en pos del desarrollo de tu hijo.

SER PADRE ES UN TRABAJO PERSONAL

El autoconocimiento y el reconocimiento de la propia experiencia nos permiten compensarnos y cuidarnos. Atendernos nos facilita atender al otro: «Cuando veo que estoy demasiado enojado con mi hija por lo que está sucediendo, me retiro un rato», «Si me siento poco respetada, busco el diálogo con mi hija, aunque sea difícil, en vez de aislarme»; «Estoy aprendiendo a no ponerme de salvador-protector y a dejar que mi hijo tenga sus propias peleas».

La autoobservación nos permite trabajar con nosotros mismos, tratar nuestra experiencia y la suya de un modo cuidadoso, ofrecer mayores opciones de gestión al niño y no interferir en sus recursos.

De hecho, los niños captan perfectamente el estado de los padres: «Los días que estoy irritable mi hija está insoportable», «Si yo me calmo, mi hija también empieza a tranquilizarse», y les hacen de espejo, indicándoles lo que deben aprender a gestionar. Los sistemas nerviosos de la díada cuidador-niño interactúan y se influyen mutuamente.

El niño necesita un adulto consciente que sienta y sepa lo que siente, que se sostenga a sí mismo, sin desbordase ni ensimismarse en su experiencia actual.

Un buen cuidador atiende y respeta la experiencia del niño cuidándola desde ella.

El niño también necesita de un adulto firme, capaz de decir no, de poner límites, que no se deja machacar ni por adultos ni niños, que respeta su salud anímica, y es coherente con su necesidad. Sí es sí y no es no.

Un modelo de autocuidado y firmeza, que no carga ni responsabiliza a nadie ni al niño de su tensión adulta. La claridad adulta le aporta seguridad, serenidad y conciencia, siente que está en buenas manos, experimenta que el adulto puede sostener su experiencia y la suya. Todo ello lo ancla al presente y a sí mismo.

CONCIENCIA MÁS RESPONSABILIDAD

La autoobservación de nuestra experiencia, el hecho de poner la atención en ella pudiendo reconocerla, sostenerla y gestionarla junto a una actitud de autorresponsabilización de nuestras vivencias y de cómo la gestionamos son la clave para poder establecer crianzas sanas.

Sin conciencia no hay camino ni relación sana posible.

La relación cuidador-niño supone un encuentro continuo entre dos experiencias.

El modo de relacionarme con mi propia vivencia me facilita atender a la del niño/a, diferenciándolas primero y teniendo en cuenta ambas.

Sin una diferenciación sana no existe una responsabilidad real. Lo mío es mío, lo del niño es del niño. La conciencia nos permite discernir. Y la responsabilidad, gestionar lo mío y lo del niño. Desde la fusión no vemos ni al otro ni a nosotros mismos, caemos en una confluencia confusa.

Si el adulto gestiona su angustia y su estado anímico de un modo sano, ya tiene una parte importante de la crianza elaborada: «Mi hija estaba enojada y yo no sabía qué hacer, creo que estaba ansiosa. Después de atender mi nerviosismo me fue más fácil gestionar su berrinche».

El niño experimenta lo que experimenta, pero el adulto debe saber descubrir lo que le pasa, poniéndole un nombre a sus vivencias y facilitándole que las transite de un modo amable, no solo desde su lenguaje, sino también desde su contacto físico, desde el abrazo o el contacto tierno. Le ofrece su apoyo al niño para que él conecte con su autoapoyo. Esta actitud de ayuda fundamenta el arte de acompañar y de crear en el niño la capacidad de apoyarse en su vivencia y moverse en la vida desde el respeto y la conexión a su experiencia sin negarla, temerla, corregirla o rechazarla. Vivirá así desde la afirmación, desde el sí a la propia experiencia.

Para ello es importante:

- Mantener una escucha interna de nuestra experiencia y reconocerla en sus tres manifestaciones: el nivel corporal, emocional y cognitivo.
- Una mirada atenta, curiosa y amable a la experiencia del niño.
- Habitar el presente y estar conectado con las situaciones actuales.

Según el Talmud, el texto principal del judaísmo rabínico: «Si no soy Yo, entonces ¿quién? Si no es ahora, entonces ¿cuándo?».

En las situaciones en las que nuestro hijo nos requiere es importante preguntarse lo siguiente de una forma más o menos continua, sin perseguirse:

- ¿Qué me pasa ahora? (de forma global y sintética). Por ejemplo: «Estoy cansada».
- ¿Qué percibo que le pasa al niño? Por ejemplo: «Parece irritable».
- ¿Qué siento que necesita? Por ejemplo: «Calmarse un poco».
- ¿Qué pensamientos, emociones o sensaciones vivencio?

Nivel pensamiento-interpretativo: «Esto que hace mi hijo no me gusta, es de malcriado».

Nivel corporal-impulso: «Que no me haga caso me tensa, me lo llevaría a rastras de la fiesta».

Nivel emocional: «Me enoja y me pone triste que pase de lo que le digo».

- ¿Cómo puedo atender la intensidad de mi experiencia? Respiro un poco para conectarme con un mínimo de ternura.
- ¿Qué me pasa con lo mío? Por ejemplo: «Me saca de quicio que no me hagan caso, siempre lo he vivido mal».
- ¿Qué me ayuda a neutralizarme? Por ejemplo: «Respiro y me doy unos segundos de tregua».
- ¿Qué respuesta emocional, corporal o cognitiva creo que necesita? Por ejemplo: «Al margen de mi cansancio creo que le sentará bien jugar conmigo un rato».

Este chequeo atencional nos permite dar respuestas de crianza desde la realidad de nuestra experiencia y atenderla antes de responder. Nos permite asimismo crear un paquete de recursos educativos y afectivos.

Poner conciencia es la diferencia entre reaccionar y responder.

No te quedes fijado en tu primer autotesteo, reequilibra tu lectura experiencial según lo que vaya sucediendo en distintos momentos de la interacción.

La reflexión interna permite realizar una *jam session* de percepciones, conductas y acciones internas:

- Momento 1. Conducta externa: «abrazo a mi hijo».
- Momento 2. Conducta externa: «él me repele». Acción interna: «respiro y atiendo mi tristeza y enojo».
- Momento 3. Conducta externa: «le doy medio minuto». Acción interna: «neutralizo mi tristeza y enojo, aporto paciencia desde mis reservas de energía, pienso otras vías de cuidado».
- Momento 4. Conducta externa: «veo que su mirada se ablanda». Percepción interna: «siento mi alivio».
- Momento 5. Conducta externa: «le doy la mano y le pregunto qué necesita». Percepción interna: «me siento más tranquilo».
- Momento 6: «me anoto mentalmente trabajar con mi terapeuta sobre lo que me sucede a mí con el rechazo de mi hija y con el rechazo en general».

Darnos cuenta de la propia experiencia nos permite gestionar nuestra vivencia de un modo nutricio: «Lo que me dices me duele y me enoja, necesito hacer una pausa», «Estoy triste, necesito un abrazo, ¿me lo puedes dar?».

Para poder estar en una escucha interna es necesario y útil atender a tres aspectos de la experiencia humana: mayormente nos sentimos y percibimos a través del mundo de las sensaciones, de las emociones y de los pensamientos.

Las siguientes preguntas nos facilitan un darnos cuenta reflexivo de lo que nos ocurre a nivel interno en el contínuum de nuestra experiencia:

- ¿En qué estoy ahora?
- ¿Qué me sucede?
- ¿Qué emoción, sensación o pensamiento es el más presente?
- ¿Qué emociones, sensaciones o pensamientos percibo?
- ¿Qué estoy haciendo?
- ¿Me siento respetado por mi hijo? ¿Estoy respetando la experiencia de mi hijo?
- ¿Lo estoy viendo? ¿Estoy en contacto con su experiencia o con la mía?
- ¿Me estoy desconectando?
- ¿Algo me angustia? ¿Qué es lo que me angustia? ¿Lo que me angustia es mío o es del otro?
- ¿Qué necesito?
- ¿En qué está mi hijo? ¿En qué temáticas? (el juego, los límites, lo social).
- ¿Qué percibo que necesita?

Cuanto mayor sea el bloqueo de la situación («mi hijo no se viste solo y me chantajea para que lo haga yo»), más tendremos que hacernos estas preguntas. Y si no encontramos respuesta a situaciones que nos tensan: «Cuando me enojo con mi hijo, siento ganas de pegarle o de irme, me contengo, esto me conecta a la tristeza también, me acuerdo de mi padre, me siento impotente, me tenso, necesito que alguien me ayude, me digo que debería saber qué hacer, mi pareja me irrita con sus consejos benevolentes, no me siento respetado, necesito una pausa y encontrar otra manera», conviene recurrir a un terapeuta.

Para Osho, «se trata simplemente de sentarse en silencio, observando los pensamientos pasando a través de ti. Simplemente observando, no interfiriendo, no juzgando, porque el momento en que juzgas, has perdido la pura observación. El momento en que dices «esto es bueno, esto es malo», has saltado en el proceso de pensamiento».

Observar nuestro diálogo interno nos permite atendernos de un modo amable y eficiente.

Desarrollar un testigo interno

Es conveniente desarrollar un testigo interno y no apegado a nuestras vivencias, que observe lo que vivimos, sin retenerlo ni rechazarlo, que reconozca los hechos que transcurren por la conciencia sin juzgarlos ni ponerles la etiqueta de bien o mal: «El hecho es que los berrinches de mi hijo me molestan mucho...», y nos invita a un diálogo interno nutricio: «Tendré que aprender a gestionarlas sin alterarme tanto».

La autoobservación nos permite no identificarnos con los fenómenos de nuestra psique: no eres tu ira, eres tu conciencia dándose cuenta de tu ira. La conciencia de la conciencia nos permite no dejarnos arrastrar por impulsos, emociones, sensaciones, tentaciones, etcétera, sin negarlos.

Desde el no juicio podemos desarrollar una mirada comprensiva y amable hacia nosotros mismos, hacia nuestra experiencia y hacia la del niño. Este no juicio nos facilita acceder a nuestra ternura y a nuestra claridad para poner límites.

Tu vida depende de tu relación con tus experiencias y de tu capacidad para transformar lo que vives en luz o en oscuridad, en experiencias nutricias o en tóxicas.

Khalil Gibran lo dice así:

En la hora más silente de la noche, mientras estaba yo acostado y en duermevela, mis siete egos se sentaron en círculo a conversar en susurros de esta manera:

Primer Ego: Aquí en este delirante, he vivido todos estos años, y no he hecho otra cosa que renovar sus penas de día y reavivar su tristeza de noche. No puedo soportar más mi destino y me rebelo.

Segundo Ego: Hermano, es mejor tu destino que el mío, pues me tocó ser el ego alegre de este loco. Río cuando está alegre y canto sus horas de dicha, y con pies alados mimo sus más alegres pensamientos. Soy yo quien se rebela contra tan cansada existencia.

Tercer Ego: ¿Y qué dicen de mí, el ego aguijoneado por el amor, la llama de salvaje pasión y fantásticos deseos? Es el ego enfermo de amor el que debe rebelarse contra este loco.

Cuarto Ego: Yo soy el más miserable de todos, pues solo me tocó en suerte el odio y las ansias destructivas. Yo, el ego torturado, el que nació en las negras cuevas del infierno, soy el que tiene más derecho a protestar por servir a este loco.

Quinto Ego: No, yo soy, el ego pensante, el ego de la imaginación, el que sufre hambre y sed, el condenado a vagar sin descanso en busca de lo desconocido y de lo increado... soy yo, y no ustedes, quien tiene más derecho a rebelarse.

Sexto Ego: Y yo, el ego que trabaja, el agobiado trabajador que con pacientes manos y mirada ansiosa va modelando los días en imágenes y va dando a los elementos sin forma contornos nuevos y eternos... Soy yo, el solitario, el que más razones tiene para rebelarse contra este inquieto loco.

Séptimo Ego: ¡Qué extraño que todos se rebelen contra este hombre por tener a cada uno de ustedes una misión prescrita de antemano! ¡Ah! ¡Cómo quisiera ser uno de ustedes, un ego con un propósito y un destino marcado! Pero no; no tengo un propósito fijo: soy el ego que no hace nada; el que se sienta en el mudo y vacío espacio que no es espacio y en el tiempo que no es tiempo, mientras ustedes se afanan recreándose en la vida. Díganme, vecinos, ¿quién debe rebelarse: ustedes o yo?

Al terminar de hablar el Séptimo Ego, los otros seis lo miraron con lástima, pero no dijeron nada más; y al hacerse la noche más profunda, uno tras otro se fueron a dormir, llenos de una nueva y feliz resignación.

Solo el Séptimo Ego permaneció despierto, mirando y atisbando la Nada, que está detrás de todas las cosas.

Cuando aprendemos a desarrollar esta mirada hacia nosotros mismos nos resulta más fácil reconocer y mirar la de nuestro hijo de la misma manera, sin castigar ni juzgar lo humano, sin pedir imposibles, sin etiquetar su vivencia como buena o mala, adecuada o incorrecta. Nos resulta más sencillo ser amables con nuestros límites y con los de los demás. Se trata de sentirse libre por sentir lo que sentimos y también de no ser esclavos de lo que sentimos; de reconocer en tu hijo a un ser niño que está aprendiendo a vivir.

La crianza y los tres niveles de la experiencia

La crianza es un trabajo de conciencia, de darse cuenta, de poner atención al modo en que el niño vive lo que vive, y facilitarle su relación con un algo o alguien significativo que vive en las distintas situaciones por las que transita.

Ambas partes (padre-niño o cuidador-cuidado) transitan por lo corporal, lo emocional y lo cognitivo. Y ambas partes serán transformadas por este proceso de conciencia.

Una crianza consciente, desde el darse cuenta, implica estar dispuesto a aprender y a ser transformado por ella. Dar espacio a nuestra experiencia, pudiendo reconocerla, sostenerla y gestionarla, y hacer lo mismo con la del niño desde la legitimidad y el no juicio, fundamentan una relación sana. Esta atención, reconocimiento y gestión de la experiencia es un arte que se aprende.

Para que todo esto pueda suceder, es importante que el cuidador esté en la labor de aprender a atender y a gestionar su experiencia, y la del hijo/a, tanto a un nivel corporal, como en el emocional y el cognitivo. Naturalmente si aprendo a estar y a sostener mi enojo, podré atender mejor el enojo del otro o dejar de atenderlo según la situación. Necesitamos padres que estén dispuestos a ser gimnastas atencionales. Para todo ello es necesario un mínimo de mapa del universo de la experiencia.

Lo corporal, lo emocional y lo cognitivo

Mayormente vivimos lo que nos sucede de tres formas: desde lo corporal, desde lo emocional y desde lo cognitivo. Son tres maneras de experimentar la vida.

El darse cuenta corporal

Como dijo Henry F. Amiel, «Tu cuerpo es templo de la naturaleza y del espíritu divino. Consérvalo sano, respétalo, estúdialo, concédele sus derechos».

El cuerpo es nuestro hogar, el recipiente de nuestra experiencia. El espacio físico donde se aúnan sensaciones, emociones y pensamientos, donde vivimos los fenómenos de nuestra experiencia, donde vives la tranquilidad o la crispación de lo que está pasando. La conciencia de lo corporal pide un mínimo de detención íntima; unos segundos pueden ser suficientes para detener nuestra inercia y sentir nuestro organismo desde dentro, una breve pausa sagrada, como si pusiéramos el *pause* en nuestro video mental.

Escuchar nuestro yo corporal nos informa de la calidad de nuestra presencia, de si estamos o no en el ahora. El cuerpo es como un diapasón que nos informa de cómo habitamos el presente. Desde el cuerpo la experiencia por la que transitamos es agradable, desagradable o neutra. El atender a este triple aspecto de nuestras sensaciones nos facilita gestionar acciones en las situaciones que transitamos: «Me desquicia la lentitud de mi hija, pera todo es aún más desagradable si empiezo a perseguirla para que sea más rápida». La escucha de cómo se manifiesta y se traduce nuestra experiencia en nuestro organismo nos permite atender nuestras necesidades: «necesito parar», «estoy con pocas pilas».

Si nos damos cuenta de nuestra tensión, de su intensidad, y de cómo se traduce en nuestro cuerpo, podemos atenderla y modularla de un modo más adecuado: «Me sacó de quicio que tirara el vaso de agua al suelo, pero pude sentarme y respirar un poco».

Si me doy cuenta de mi impulso, puedo compensarlo, contenerlo o transformarlo: «Me hubiera ido de la fiesta, pero sé que era importante para mi hija».

Sin esta conciencia, mis acciones son más erráticas o mentalizadas, y quizá esté tenso e irritable toda una semana sin gestionar dicha tensión física o respondiendo al niño desde una tensión excesiva.

La observación de este ámbito implica preguntarse de manera interna lo siguiente:

- ¿Qué zona del cuerpo sientes más presente ahora?
- ¿Esta sensación es agradable, desagradable o neutra?
- ¿Esta sensación es de intensidad alta, media o baja?
- ¿Qué impulso te surge desde ella?
- ¿Te resulta sostenible lo que estás sintiendo?
- ¿Puedes contenerte o estás al límite de desbordarte?
- ¿En qué nivel, alto, medio o bajo, de tensión estás?

EJERCICIO: Carga y descarga desde la respiración

Si estás con la energía baja, pon énfasis en la respiración, inhala y siente cómo te cargas de energía vital.

Si estás con un exceso de energía, suelta el aire en la exhalación, suspira o sopla para llevar hacia fuera tu excedente energético.

Camina con la conciencia de tomar y soltar tu energía.

Realiza este chequeo antes de ver a tu hijo o de quedar con alguien. Te facilitará discriminar qué necesitas atender.

Propuestas básicas para aumentar nuestra conciencia corporal

Aprender a tomar conciencia de nuestra respiración, de un modo sencillo, accesible y potente: en modo observación presta atención a tu ritmo respiratorio, cómo entra y cómo sale el aire; y en modo activo, al inhalar siente una zona del cuerpo y al exhalar afloja tu tensión de esa zona.

La postura. Estar atento a lo postural nos informa de nuestra presencia, de cómo nos energetizan o desenergetizan distintas posturas, de cómo es nuestra actitud en el ahora: «Cuando me hablan de política, me desparramo en el sillón, me aburro». Estate atento a si tus posturas te dan o te quitan energía, o a qué te dicen respecto a algo o alguien: «Cuando empieza a hablar Marc, mi cuerpo decae». Nuestras posturas hablan de nuestros posicionamientos existenciales.

Aprender a soltar lo que me sucede desde la respiración, el movimiento, gestos o automasajes. En esto los gatos son maestros. Realiza una exhalación completa y a la de tres suelta el aire lentamente; ahora haz lo mismo de un modo más lento, vacíate. En este instante, respira lentamente y registra qué necesitas soltar, esa tensión, preocupación, miedo, enojo..., con los que vives desde hace días. Acompaña tu respiración con tu voz o gestos. Se trata de aprender a habitar/respirar distintos tipos de experiencias y de aprender a soltar lo que vivimos sin engancharnos a estados disfuncionales.

Cuida y nutre tu dieta, tu descanso, tu actividad física, tu vida sexual, busca el placer. ¿Qué caricias corporales te das? Este es el cuerpo que tienes que cuidar, ya que él nos debe llevar a una vejez sana. Cuida tu vehículo.

Pon tu atención en los indicadores corporales básicos, en las polaridades corporales básicas: tensión-relajación, frío-calor, pesadez-ligereza y placer-dolor. Atiéndete y actúa desde ellas. Atender mínimamente a estas sensaciones básicas te facilita estar con tu cuerpo, y acceder a una presencia física, no tan mentalizada como habitualmente. En la inercia mental-discursiva nos desconectamos.

La llave de nuestra casa orgánica es la conciencia de nuestra respiración. Una respiración consciente nos conecta a nuestra experiencia corporal. Estas donde está tu respiración. La respiración nos informa de nuestro estado tensional, de nuestra necesidad y de cómo está el organismo en el ahora. La respiración nos permite también digerir/templar/sostener nuestras vivencias, «Respiré mi enojo y se aflojó un poco», y atender nuestras tensiones o dolores físicos. Si necesitas surfear una situación, usa tu respiración. Posee múltiples funciones.

EJERCICIO: Entrar en nuestra intimidad

Párate en un lugar que sea cómodo para ti.

Usa tu inhalación para entrar en contacto contigo mismo. Usa tu exhalación para soltar tu cansancio o tus molestias.

Disfruta de tu respiración sencillamente como contacto contigo mismo.

Aunque te venga algún demonio mental, vivencia la intimidad que te aporta poner conciencia en tu respiración. Habitar nuestra respiración nos posibilita habitar nuestra intimidad.

Nuestros sensores corporales nos aportan una propiocepción que nos posibilita percibir un dolor de estómago, un asco, un miedo, el odio; nos dan conciencia de cómo es nuestra relación respecto a algo o alguien: «Alberto me tensa» o «estar un rato con Noemí me carga de energía». Este darse cuenta corporal nos permite relacionarnos de un modo más orgánico y proactivo con lo que nos sucede. Escuchar nuestro eco orgánico nos da mucha información acerca de cómo vivimos lo que vivimos, de lo que debemos atender y de lo que nos aportan los otros: «Esperar a que se vista mi hija me crispa mucho», «Me pesa ser siempre tan comprensiva».

El darse cuenta cognitivo

El planeta cognitivo está constituido por ideas, teorías, hipótesis, pensamientos, juicios, interpretaciones, etcétera, que son productos de nuestra maquinaria mental.

Al preguntarnos qué nos decimos en nuestra experiencia presente podemos registrar nuestras historias mentales en el ahora («pienso que mi hija está exagerando», «necesito sacar mi enojo», «no me siento escuchada») y también nuestras acciones mentales, qué nos decimos, lo que hacemos internamente; criticamos, planificamos, reprochamos, admiramos, comparamos: «ahora mismo estaba criticándome por ser demasiado ingenuo».

El motor mental recibe, produce y maneja información.

Se trata de entrenarse a percibir y a reconocer nuestro diálogo interno mientras ejercemos de padres.

- ¿Cómo interpreto una situación?: «Mi hija ya tendría que vestirse sola, odio que sea tan princesita».
- ¿Qué me digo ante lo que me dice?: «Quizá tendría que ser más dura con ella, tal y como dice mi padre».

- ¿Qué película me hice?: «Me salió una princesa Disney».
- ¿Qué estoy esperando?: «Que mi hija se acelere por arte de magia».
- ¿Qué quiero que pase?: «Que ella se dé cuenta de que tengo razón».

Vamos todo el día contándonos cosas. Al fin y al cabo, es necesario hacer gimnasia mental para ganar en flexibilidad mental y usar nuestro poder mental a nuestro favor, para que nuestras narrativas mentales nos sean útiles.

Somos seres narrativos, nos contamos quiénes somos, qué nos pasa, qué nos debería pasar, qué le pasa al otro, qué pasó ayer o qué pasará mañana. Y nos contamos cosas sobre los demás; en este caso, sobre nuestros hijos.

> Es importante cuestionar de un modo constructivo lo que nos contamos acerca de nuestro hijo para poder ser más flexibles y poseer una mirada más amplia y real.

Juega a interpretar los hechos de más de una manera. Por ejemplo:

- ¿Qué me estoy contando?: «Mi hija es lenta». Es importante practicar y ampliar nuestra visión.
- ¿Qué otra cosa me podría contar?: «Mi hija tiene su ritmo y es importante respetarlo» o «Qué puedo aprender de su lentitud».

Es importante no quedarse en la interpretación inicial, buscar la dos y la tres como mínimo. Este ejercicio de multiinterpretación nos aportará una mayor flexibilidad mental y salir de nuestras rigideces. Además la interpretación uno suele ser la de origen traumático.

Posiblemente mi hija tenga un ritmo más lento que el mío, y también tiene derecho a tenerlo. Otra cosa es cómo me lo monto yo para ajustarme al suyo.

El darse cuenta cognitivo implica observar nuestro diálogo interno, lo que nos decimos ante nuestra vivencia actual, ante la aparición de nuestras emociones, sensaciones, impulsos, necesidades, pensamientos, percepciones, etcétera, y ante las emociones, sensaciones, impulsos, necesidades, pensamientos, percepciones, acciones, gestos, palabras y demás del niño: «mi hijo no para de moverse, ¿será hiperactivo?» o «ahora no me hace caso para provocarme».

Este darse cuenta nos permite no ser presos de nuestras lecturas automáticas de las distintas situaciones. Nos permite ampliar nuestra panorámica y graduar nuestras gafas para ver la realidad.

Otro diálogo interno clásico, en el que caen algunos padres, es la autopersecución de la excelencia:

- ¿Seré buen padre?
- ¿Lo estoy haciendo bien?
- ¿Debería ser más firme?
- ¿Lo estimulé poco de pequeño y ya es tarde?
- ¿Lo que hice hace dos años será decisivo en su destino?

Salgamos de estos laberintos. Hagamos lo que podamos, demos lo mejor de nosotros mismos, tomemos nota de las cosas que podemos aprender y descansemos hasta el siguiente partido, porque habrá muchos más.

EJERCICIO: Autochequeo

Piensa y responde:

- ¿Cuáles son los dos aspectos que valoras de ti mismo como padre?
- ¿Cuáles son los dos aspectos como padre que tienes que seguir trabajando?
- ¿Cuáles son los tres temas de tu vida? Por ejemplo: sentirme querido, el miedo, preocuparte por los demás, etcétera.
- ¿Cuáles son los tres apoyos internos de tu vida. Por ejemplo: tu bondad, tu inteligencia, tu resistencia, etcétera.

EJERCICIO: Profundizar en el cuerpo desde el lenguaje

Colócate en postura sentada. Sitúa tu atención en el ritmo respiratorio (inhalación-exhalación) y toma conciencia de las zonas del cuerpo que te sirven de apoyo, ya sea la planta de los pies o los isquiones. Entra en tu corporalidad.

Completa las siguientes frases y déjatelas sentir; escucha qué efecto tienen en ti en los niveles emocional y corporal. Repítelas, si es necesario, una por una, hasta sentir un mínimo eco emocional-corporal en tu organismo. Da espacio también a lo neutro o lo vacío, es decir, si no aparece nada significativo, no importa, no te fuerces.

Estas son las frases para explorar:

- Extraño...
- Cuando mi hijo no me hace caso, lo que me digo es...
- Me siento feliz cuando...
- Soy feliz y...
- Cuando digo «no» a alguien me siento...
- Cuando pido ayuda me siento...
- Cuando me llevan la contraria interpreto...
- Lo que me digo es que soy...
- Cuando me quiero me siento...

Deja que tu organismo responda.

Concédete un tiempo entre frase y frase que te permita metabolizar e integrar tu experiencia y retomar cierta neutralidad antes de pasar a la siguiente.

Otra cuestión recomendable es facilitar al niño compartir sus opiniones y sus películas mentales, que no entre en su aislamiento mental, pasándolo bien o desdramatizando con un igual aquellas cosas que va pensando. Oxigenemos nuestros pensamientos: «necesito hacer deporte para deshacerme de mis neuras», «con Ramón puedo desmitificar la cosa esta de la crianza consciente», «parece que el azúcar y el gluten son los nuevos demonios de este siglo»...

El darse cuenta emocional

Como decía Platón, todo aprendizaje tiene una base emocional.

El niño al nacer es eminentemente emocional. Este es el terreno en el que más vive después de una primera etapa inicial de ser puro cuerpo.

Las emociones son señales informativas del organismo, se viven en el cuerpo, nos informan de cómo es nuestra experiencia en relación con algo o con alguien.

Poseen una función valorativa acerca de la calidad, forma e intensidad de nuestra experiencia: «El examen de mañana me da miedo, no puedo concentrarme, me siento como un niño el primer día de clases»; se viven en relación con un algo o un alguien significativo: «Al ver a mi ex sentí miedo y me quedé congelado» o «al pensar en mi infancia me entristezco».

Nos informan de cómo vivimos lo que vivimos. Solo se dan en relación con determinados estímulos suficientemente potentes o significativos para detonarlas. No todo nos emociona ni de igual modo.

Nos informan de lo que nos pasa. Nos despiertan necesidades, acciones, valores, impulsos. Mi alegría por verte me informa del afecto que siento por ti y me dan ganas de abrazarte.

No podemos elegir la emoción que tendremos en media hora; sí podemos decidir darle espacio, atenderla y gestionarla. Reconocerlas ayuda a su gestión y a que nos familiaricemos con ellas.

Puesto que su capacidad de autodistanciamiento de su experiencia aún no se ha desarrollado, el niño necesita un adulto que otorgue un espacio seguro al sentir emocional. El sentir es el vivir del niño, por eso necesita más un abrazo que decirle que las brujas nunca existieron.

La tarea adulta es facilitar la percepción, el sostén y la gestión de las emociones por las que transita el niño: «Parece que te enoja la actitud de Bea, no tienes ganas de jugar con ella y también estás triste porque querías enseñarle tu juguete nuevo; esperamos un poco y vuelves a preguntarle si quiere jugar contigo o si ya está bien jugando sola».

Un buen mapa para orientarse en lo emocional es el de las emociones básicas. Estas son cuatro: alegría, tristeza, rabia y miedo. Son universales, son un paquete innato de la especie humana. Aprendemos a relacionarnos con ellas toda la vida. Escuchar nuestro emocionar nos orienta acerca de lo que nos sucede, pudiendo reconocer qué es lo importante de atender: «Últimamente las noches en casa son tristes, no nos divertimos como antes, habrá que hacer cambios». Son informativas, nos hablan acerca de cómo algo o alguien nos afecta. Dar espacio a las emociones y reconocerlas nos facilita acceder a su función sana o nutricia. En la vida se trata de familiarizarse con ellas.

En su función sana:

- El miedo nos da prudencia, percepción de amenaza, alerta, cuidado, busca la conservación de lo que valoramos, defiende lo íntimo, testea nuestros recursos ante un peligro real o imaginado.
- La tristeza nos permite soltar lo que nos duele, ablandar pesos corporales, nos da reflexión, nos detiene, contactamos con nosotros mismos, nos ayuda a valorar y a reconocer la pérdida y habla de nuestras ilusiones.
- El enojo nos da fuerza, claridad, defensa propia y del otro, certeza, pone límites, nos permite apartar lo que nos daña. Es un no sentido a algo o a alguien y una fuente de energía hacia nuestros síes.
- La alegría nos aporta y abarca el erotismo, la curiosidad, el disfrute, la diversión, lo ligero, lo tierno, ablandamiento, relativización y desdramatización, nos acerca a personas o lugares. Da calor a las relaciones.

La atención a nuestras emociones conforma nuestro carácter, nuestras relaciones, nuestra forma de ser y enriquece nuestra manera de estar en la vida. En definitiva, nuestra forma de vivir.

EJERCICIO: Cuestionario emocional

Piensa en la persona que te conecta a cada una de las emociones básicas en tu vida actual (alegría —en sus formas de erotismo, ternura y curiosidad—, tristeza, miedo y enojo) y responde:

- ¿Qué hace o deja de hacer el otro que te conecta a estas emociones?
- ¿Cómo interaccionas desde cada emoción?
- ¿Qué revives en ese momento?
- ¿Cómo gestionas lo que te pasa? ¿Qué haces o dejas de hacer con esta emoción?

Por ejemplo: «Eva me conecta con la alegría. Se interesa por mí y no juzga mi parte criticona. Me gusta hacerle bromas. Revivo el afecto hacia una amiga de la infancia que perdí. Gestiono mi alegría tomando cafés con ella y enviándole al celular mensajes divertidos, intento nutrir nuestra amistad». Exploremos otras cuestiones sobre las emociones básicas:

- ¿Cuáles son las dos emociones con las que te resulta fácil conectarte? ¿Con quién las vives? ¿Cuál es la subyacente?
- ¿Cuáles son las dos emociones con las que te resulta difícil conectarte? ¿Con quién las vives? ¿Cuál es la subyacente?
- ¿Qué combinación de dos emociones sientes de forma habitual en tu día a día?

Céntrate un poco antes de contestar y evoca escenas cotidianas. Por ejemplo:

- «Al miedo y a la curiosidad. Beatriz me conecta a ellas. La curiosidad es mi segunda emoción habitualmente».
- «Al enojo y a la tristeza. Con Sergio las siento. La tristeza es la que a veces siento en un segundo plano».
- «Suelo vivir entre la alegría y el miedo».

EJERCICIO: Indagar en nuestra emocionalidad

Un aspecto clave en la crianza es que el adulto revise y reconozca su facilidad o dificultad a la hora de experimentar lo emocional. Siempre somos un modelo para nuestros hijos.

Piensa y responde:

- ¿Cuáles son las dos emociones que te son fáciles de experimentar? Por ejemplo: «No me cuesta estar enojada o alegre».
- ¿En qué situaciones te resulta fácil? ¿En cuáles no tanto?
- ¿Cuáles son las dos emociones que te son difíciles de experimentar? Por ejemplo: «No soporto tener miedo, me da mucho miedo el miedo, y la tristeza es lo peor, la evito».
- ¿En qué situaciones te es difícil? ¿En cuáles no tanto?
- ¿Cuáles son las dos emociones que te resultan fáciles de reconocer? Por ejemplo: «No me cuesta percibir mi tristeza ni mi enojo».
- ¿Cuáles son las dos emociones difíciles de reconocer para ti? Por ejemplo: «Me cuesta ver mi miedo o mi tristeza».

Explora ahora tus creencias acerca de ellas:

- ¿Qué opinas de la tristeza? Por ejemplo: «Creo que es peligrosa».
- ¿Qué opinas de la alegría? Por ejemplo: «Me gusta, pero dura poco».
- ¿Qué opinas del enojo? Por ejemplo: «Es una energía muy fuerte que tiene que ser controlada».
- ¿Qué opinas del miedo? Por ejemplo: «No me gusta, es de cobardes».

Los riesgos

Nuestras facilidades o dificultades para vivir las emociones a veces se traducen en un mayor o menor acercamiento respecto al niño cuando este transita por una emoción determinada, lo cual se puede traducir en un abandono sutil: si me cuesta relacionarme con el enojo, puede darse un abandono de mi hijo enojado «me alejo de mi hijo cuando está malhumorado», o un rechazo a mi niño miedo y a esta vivencia: «no me gusta que mi hijo tenga miedos». Y lo sutil a veces es obvio para los niños: «mi padre no se acercaba a mí cuando estaba triste». También puede traducirse en una sobreprotección que no permite aprender al niño a gestionar sus emociones: «superatiendo a mi hija cuando está triste». Es importante reconocer cuándo me acerco y cuándo me alejo de mi hijo, y qué emoción habita en esos momentos de cercanía-lejanía paterna.

EJERCICIO: Relacionarnos con la emoción infantil

Piensa y responde:

- ¿Cómo vives la tristeza de tu hija? Por ejemplo: «la verdad es que me cuesta, me pongo triste también».
- ¿Qué impulso te surge? Por ejemplo: «me nace quitársela».
- ¿Eso la ayuda a ella? ¿En qué situaciones tu impulso la ayuda y en cuáles no? Por ejemplo: «ella no se siente atendida cuando está triste; en cambio, cuando se queda estancada en el drama, sí que la ayuda empujarla un poco».
- ¿Qué puedes hacer distinto? Por ejemplo: «preguntarle qué necesita cuando está triste».

Hazte las mismas preguntas para el enojo, el miedo y la alegría.

Otro aspecto importante es reconocer la emoción que nos permitimos menos, familiarizarnos con ella nos facilita gestionarla mejor cuando aparece con nuestros hijos, ni negándola ni exagerándola, pudiendo sostenerla y accionándonos desde ella de un modo ecológico. Todo trabajo emocional que hagamos repercute favorablemente en nuestros hijos y en nuestras relaciones.

EJERCICIO: La emoción no permitida

En posición acostada, trabaja a partir de la siguiente visualización:

Al inhalar, entra en una nube, déjate envolver por ella y siéntela por dentro. Visualízate y vive dentro de ella. Esta nube te transporta a un espacio abierto y vacío.

Visualiza detalles de este lugar, como el momento del día, el tipo de luz, el suelo, etcétera.

Y, una vez «transportados» a este espacio, seguimos:

Caminas un poco por ese entorno hasta encontrar unas escaleras de caracol que descienden. Están casi a oscuras y debes bajarlas lentamente. Llegas a una puerta que, según informa un cartel, da a una estancia donde se encuentra la emoción que no te permites. Te detienes y respiras antes de abrir la puerta. Entras en la habitación y conectas con esta emoción. ¿Qué forma tiene esta energía?

Contacta con ella, déjatela sentir en el cuerpo, posa una mano en la zona del cuerpo donde la sientes, respírala, muévete desde ella si lo deseas y acompáñate en ella. Poco a poco, te vas familiarizando con esta energía. ¿Qué puede aportarte? Decide si le vas a dar más espacio o no en tu vida. ¿Qué te puede aportar hacerlo? Por ejemplo: «me comprometo a dar más espacio a mi tristeza, siento que me puede dar descanso y ayudar a soltar dolores».

Sales de la estancia y retomas el camino recorrido hasta reubicarte en la nube que te retorna de forma pausada al punto de partida, a tu vida actual.

- ¿Cómo estás ahora?
- ¿Cuáles son las dos vivencias de lo experimentado que destacas?

Un aspecto importante en el trabajo con las emociones es registrar cómo ha sido nuestra relación con ellas a lo largo de la vida; registrar qué se mantiene y qué ha cambiado, poniendo el énfasis en el reconocimiento y la gestión, más allá de lo que nos emociona.

EJERCICIO: Nuestra vida con las emociones

Vamos a revisar cómo se dio nuestra vida emocional en cada una de las distintas etapas de vida (infancia, adolescencia, juventud, adultez y vejez, según la edad de cada persona), independientemente de lo que nos sucedió o con quién, respondiendo a las siguientes preguntas (usa una hoja de folio para cada etapa).

Coloca la hoja en posición horizontal y divídela en cuatro columnas, una para cada emoción: miedo, enojo, tristeza y alegría.

En cada etapa de vida, responde:

- ¿Cómo tratabas cada una de las emociones básicas cuando tú las tenías, qué hacías? ¿Cómo las tratas ahora? Por ejemplo: «antes me tragaba mi enojo, ahora lo comparto de una forma honesta».
- ¿Cuándo no las reconocías, qué hacías? Por ejemplo: «de pequeño me desconectaba de mi miedo, lo escondía con mi insolencia».

- ¿Qué emoción te desconcertaba más y cómo la gestionas en la actualidad? Por ejemplo: «la tristeza me desconcertaba mucho, ahora le doy más espacio».

Existen múltiples gestiones de lo emocional. Lo interesante es aprender distintas formas de gestión y encontrar las que nos sean más nutricias o afines.

Sostener una emoción implica un punto medio entre la negación y el desborde emocional. Sostengo un vaso, no lo aprieto ni lo dejo caer, uso una tensión mínima y suficiente para sentirlo y poder beber de él. Es importante desarrollar un espacio interno de neutralidad para entrar y salir de las emociones.

Poder mínimamente vivenciarlas, transitarlas y gestionarlas sin desconectarme y atender al unísono la nuestra y la de nuestro hijo: este es el desafío y el entrenamiento. Para tal fin es importante construir un espacio neutro desde el cual ni me desconecto ni me pierdo en las emociones, y donde me puedo anclar para navegar por lo emocional.

Si no puedo sostener mi ira, la volcaré en el pequeño o me la negaré. Si me cuesta gestionar la tristeza, se la traspasaré o lo abandonaré tácitamente cuando esté en ella. Si aprendo a neutralizarme, podré modular lo emocional para buscar lo nutricio en la interacción con el niño. En la neutralidad puedo descansar de lo emocional para retomarlas: «respiré un poco y volví a acercarme a mi hijo».

Para desarrollar un buen sostén emocional es importante cultivar y desarrollar un espacio interno de neutralidad, que nos facilite acompañar nuestra emoción y la de nuestro hijo/a sin caer en un desborde, bloqueo o desconexión emocional.

EJERCICIO: Botiquín de neutralidad

Indaga en tu interior y escribe en una hoja en blanco qué gestos, posturas, modo de respirar o pequeñas acciones te facilitan neutralizarte.

Se trata de buscar un botiquín de recursos personales para entrar en un espacio interno de neutralidad donde ni me desbordo ni me desconecto de lo emocional. Por ejemplo: masajearse la cara, tocarse las manos para neutralizar el enojo o soplar para reducir la tristeza, caminar para digerir el miedo, beber agua, etcétera.

En definitiva, se trata de poder transitar las emociones sin perder nuestro centro personal. Para tal fin es importante que como adultos sepamos conectar con lugares internos de paz y serenidad.

EJERCICIO: Habitar nuestra interioridad imperturbable

Colócate en posición sentada o de meditación.

Cierra los ojos y respira, entra en tu cuerpo, chequea tu nivel de tensión, usa la exhalación para soltar un poco de tensión y la inhalación para cargarte de energía.

Cuando hayas accedido a un estado más o menos neutro, empieza a visualizar un lugar en el cual te sientes protegido, es un lugar de gran intimidad al que solo puedes acceder tú.

- ¿Qué colores, formas, objetos hay?
- ¿Cómo es la vida en ese espacio?
- ¿Estás solo/a o hay otras formas de vida?
- ¿Cómo te sientes en este lugar?

Respira en este lugar donde nada ni nadie te puede perturbar. Lleva una mano a la zona de tu cuerpo donde lo sientes. Habítalo. Gradualmente vas saliendo de ese lugar y, volviendo al exterior, imagina cómo crear un camino que te permita acceder a él cuándo lo decidas.

EL OFICIO DE SER PADRE

> Mucho tienen que hacer los padres para compensar el hecho de tener hijos.
>
> FRIEDRICH NIETZSCHE

El niño no quiere un adulto perfecto, quiere un adulto atento y amable con las experiencias por las que va transitando, que atienda y acompañe su experiencia, la propia y la suya lo mejor que sabe. Pide un amigo de su experiencia y de la vida, alguien capaz de amistarse y no pelearse con las experiencias que surgen en el vivir.

Pide que este posea una actitud atencional que no se pierda ni se enganche en contenidos mentales, emocionales y corporales. Que le ayude a discriminar lo que le sienta mal de lo que le sienta bien, lo sano de lo tóxico.

Esta base de atención es la que debemos transmitir a nivel pedagógico a los niños para que aprendan a gestionar desde su atención las distintas experiencias por las que transitarán en su vida.

Como hemos visto, las acciones paternas son las que habilitan de modo positivo o dificultan la vida infantil.

¿Cuáles son las causas?

En principio, los padres son modelos inevitables a partir de los cuales los niños configuran su personalidad. No modelar no es posible.

¿De qué modo se realiza este traspaso?

Los pequeños observan y toman nota de cómo se gestionan las emociones, los conflictos, los desacuerdos, los deseos, el amor, etcétera, y así diseñan su propio mapa biográfico para navegar en la vida. Se da un aprendizaje por observación.

¿Qué actitudes o tareas les corresponde a los padres?

Puesto que es inevitable no influir en el niño, incluso en la ausencia total se influye. Se trata, pues, de poner atención en cuanto a esa influencia se refiere. Muchos pacientes no se dejan influir debido a que la influencia paterna les hizo mucho daño. Poner atención nos conecta con la vulnerabilidad infantil, nos conduce a la implicación y a la responsabilidad.

¿Qué necesitan los hijos?

Unos padres que proporcionen ternura y que a la vez pongan límites, que sean firmes y pacientes, y que busquen superar sus propios límites.

En este sentido, y si es posible, necesitan a ambos, a la madre y al padre, y ver que ambos se ayudan mutuamente de un modo sincero. Es necesario como mínimo un buen *sherpa* orientador.

Según Bert Hellinger, el mejor obsequio para un niño es una buena pareja, es decir, una pareja feliz, que pese a ser imperfectos cuidan los vínculos, que dialogan y acuerdan las decisiones.

¿A partir de qué parámetros se valoran?

Sus vivencias y su identidad se construyen en el intercambio con los adultos, la madre y el padre, que son el gran otro que nos permite construir lo que somos en nuestra primera existencia, la infancia. Son permeables. Y mientras lo son, reciben y absorben mensajes como los siguientes: «tu padre es muy fuerte», «parece que eres fuerte», «hoy no estás tan fuerte como siempre», «hay que estar fuerte en el patio», «camina, sé fuerte» o «no pasa nada si estás cansado».

Y se valoran en consecuencia, desde el criterio paterno, cuando todavía no han construido una frontera que diferencie el yo y el tú ni poseen un autocriterio que existirá mucho más tarde.

¿Y cómo se revierten las huellas negativas?

A través de un trabajo de conciencia como los desarrollados en los apartados anteriores, el adulto puede tomar, filtrar o desechar lo heredado, y diferenciarnos de la propuesta paterna: «mi padre era muy fuerte. La verdad es que me gusta sentirme fuerte, y también me gusta descansar en mi debilidad, y olvidarme de hacer demostraciones de fuerza. Yo lo hago de otra forma a la suya». Nos corresponde como adultos restaurar nuestro autoamor original, y actualizar y sanar el *software* heredado por nuestros padres que nos merma o dificulta el vivir.

EJERCICIO: Los *deberías* paternos y maternos

En postura de meditación o sentada, visualiza enfrente de ti a tu madre de pie. Observa y responde:

- ¿Cómo te sientes en esta diferencia de altura? Esta ya es una información experiencial importante, ya que la vivimos durante años.
- Ahora respira y afina tu escucha interna.

- ¿Qué dice ella de ti?, ¿cómo habla de ti?, ¿en qué tono?, ¿de qué manera?
- ¿Cuáles son los tres mensajes que recibes de cómo eres? Por ejemplo: «que soy un hijo difícil, gruñón y desagradecido».
- ¿Cómo te dice que debes ser o cuáles son los tres *deberías* te llegan de ella? Por ejemplo: «que debo tener aguante, ser pesimista y desconfiar del mundo».

Observa cómo te sientes recibiendo estos mensajes y a qué emoción o emociones te conectas. Déjatelas sentir, respíralas y acompaña tu experiencia con una mano, desde tu autocompasión.

Se trata de atender a tu experiencia, no a tu padre ni a tu madre. Otro día escucha la propuesta de tu padre acerca de ti.

¿Cuál es la función del cuidador (ya sean el padre y la madre u otras personas)?

La función del progenitor es ser un yo auxiliar que acompaña al niño hasta que pueda interiorizar y crear su propio yo acompañante.

Es evidente la desproporción del pequeño yo ante la inmensidad de la vida. ¿Cómo le hacemos para hacer digerible esta desproporción? Se trata de adaptar el tamaño del mundo a la experiencia infantil de un modo sostenible y digerible respetando su tempo.

Por lo tanto, otra función básica es facilitar al niño la asimilación de lo que le sucede en esta desproporción.

¿Qué necesita el niño del cuidador?

- Confiar en el cuidador y que confíen en él, entendiendo la confianza como una experiencia energética y afectiva; necesitamos sentirla a nivel orgánico.
- Sentir que es importante para su contexto humano y para él/ella.
- Que le haga de puente al mundo externo.
- Que filtre el mundo externo de una forma lo más sana posible.
- Nutrientes amorosos y físicos; necesita caricias verbales y físicas.
- Que lo vea, sienta y reconozca; que le dé conciencia y dignidad de ser.
- Que le facilite transitar por lo emocional y relacionarse con su cuerpo.
- Que defienda su salud e integridad corporales.

El valor de las palabras

El cuidador consciente posibilita acceder a la experiencia de un modo estructurado, se apoya en el lenguaje, sumado al contacto corporal afectuoso, contenedor y acogedor. Ofrece cuerpo y palabra. El lenguaje es una experiencia, la calidad de nuestra habla, el qué y el cómo decimos lo que decimos, ofrece una experiencia de calidad alta, media o baja al pequeño, aporta o agrede.

Somos eminentemente seres «narrativos», y para narrar recurrimos al lenguaje, que nos permite describir e integrar el universo entero, el físico y el experiencial. Una forma de digerir lo que nos pasa y cómo nos pasa es poder narrarnos qué nos va pasando. El contarnos lo que sentimos o percibimos nos facilita tomar la experiencia en bruto y poder digerirla, sostenerla y gestionarla: «No sé qué me pasa, últimamente estoy irritable, creo que la enfermedad de mi amigo me ha afectado más profundamente de lo que me esperaba, y necesito darme espacios para estar conmigo, de lo contrario entro en una gran angustia».

Según Maturana, el lenguaje es lo que nos hace humanos. Al relacionarnos con otros a través del lenguaje, vamos cambiando nuestra propia forma de entender las cosas y produciendo cambios orgánicos, al interactuar desde el lenguaje, pues se establecen nuevas conexiones neuronales. En otras palabras, nuestros cuerpos se van transformando según cómo articulamos nuestro lenguaje y, naturalmente, también nuestro lenguaje es afectado por lo que vivenciamos en nuestros cuerpos. Sería interesante, fundamental y didáctico radiografiar el impacto de un grito en el organismo de un niño, o cómo es el impacto de una palabra sentida o de una palabra fría. Nuestro lenguaje adulto crea o daña el sistema neuronal del niño.

EJERCICIO: El impacto de las palabras

Realiza este ejercicio con la ayuda de alguien de tu confianza.

Cierra los ojos, respira y toma contacto con tu cuerpo, hazlo hasta que sientas que estás habitando un espacio de neutralidad emocional.

De forma cuidadosa, tu compañero/a te manifestará por el lado que tú prefieras (derecho o izquierdo) y a cierta distancia de tus oídos una serie de afirmaciones. Busca tu comodidad. Déjate sentir el efecto de ellas en tu organismo, experimenta cómo resuenan en ti. Exploren distintas modalidades de tono, volumen y ritmo.

Estas son las afirmaciones:

- Eres una buena persona.
- Tienes derecho a equivocarte.
- Hay algo en ti que no funciona.
- Tienes muchas dificultades.
- En el fondo eres un cobarde.
- Tu vida te pertenece.
- Gracias por existir.

Puedes pedirle también que te diga una frase que sientes que te haría bien o jugar con palabras como liberación, bondad o amor, pronunciándolas con distintos volúmenes, del más bajo al más alto, y explorar distintos tonos.

UN NARRADOR ATENTO

Asimismo, el niño necesita de un narrador didáctico para poder reconocer qué y cómo le sucede, y poco a poco poder adquirir un mínimo mapa de su experiencia, y la de los otros, además de ir incorporando mapas o esbozos de cómo funcionan los demás y el mundo. Es mejor tener un cartógrafo y algunos mapas que navegar a la deriva con nuestra pequeña brújula infantil. El adulto debe evitar el naufragio infantil.

Tener un narrador externo permite al niño desarrollar un narrador interno, y con el tiempo él mismo se explicará qué le sucede.

He aquí algunos ejemplos de una narrativa estructuradora de la experiencia: «Estás temblando, parece que estás nervioso, respira un poco, se te pasará, ¿qué necesitas?», «Tienes mucho miedo porque es la primera vez que vas a unas colonias, respira un poco y confía en que todo irá bien; me puedes llamar cada noche o cuando lo necesites», «Luisa rompió un juguete que a ti te gustaba mucho y tienes derecho a estar enojada; si quieres, dame un abrazo».

Desde estas estructuraciones narrativas el niño reconoce mínimamente qué terreno pisa, siente que está acompañado, pudiendo reconocer, vivenciar y explorar su experiencia de un modo proporcional a sus capacidades en desarrollo.

Por otra parte, al niño le interesa lo que les sucede a sus padres, le interesan las historias, las propias y las ajenas. Nuestra especie se basa en historias, las cuales nos dan pertenencia. La curiosidad es una emoción básica con la que nacemos, que nos facilita desarrollarnos y que debe ser nutrida por el bien del niño y de la especie. La curiosidad y lo narrativo han permitido el desarrollo de la especie humana.

¿Qué otras condiciones debería contemplar el cuidador-narrador?

Es esencial adaptar la narración al tempo del niño, no a la inversa. Quizá un niño necesita más tiempo que otro para entender ciertos temas, como que algunos niños no tienen padre, o que la tristeza es sana, y quizá ya esté preparado para escuchar ciertas cosas de sus padres. Hay que ir evaluando desde el tempo madurativo infantil.

Es vital observar las respuestas corporales y emocionales del niño cuando les explicamos según qué temas vitales.

Conviene ir viendo, sin prisas ni temores, pues cada niño es un mundo distinto con su propio proceso de maduración; hay que captar su sensibilidad, cómo le afectan las distintas situaciones por las que transita este es todo un trabajo atencional que es importante vivirlo desde la curiosidad y el amor. La crianza pesa a veces, pero no es un suplicio, es una oportunidad muy potente de aprendizaje.

Poner nombre a los hechos externos e internos, puesto que da referencia al niño: «Hemos subido a un lugar muy alto, es normal que tengas un poco de miedo o vértigo».

Colocarse el adulto en la narración, puesto que da pertenencia, compañía, humanidad y naturalidad a la experiencia: «Papá también está un poco triste hoy».

Albert Einstein dijo: «Si quieres que tu hijo sea inteligente, léele cuentos. Si quieres que sea más inteligente, léele más cuentos». El narrar estimula el aprendizaje y la creatividad.

Cómo hablarles a los niños

Los cuidadores son un puente interno entre el niño y su experiencia, y un puente externo entre el niño y el mundo. Y el lenguaje facilita la construcción de este puente que está por hacer.

En cuanto a las palabras, debería elegir aquellas que lo orienten sin determinar, es el niño el que debe autodescubrir su experiencia con nuestra colaboración, «creo que te gustará esta actividad, a ver cómo la vives».

La palabra siempre tuvo un fin terapéutico o sanador. Resulta claro en las canciones de cuna, donde es la voz materna la que duerme o «desangustia» al niño.

No olvidemos que la voz es cuerpo y contacto, la palabra cuida o daña. Es importante atender a cómo hablamos a los niños, o qué lenguaje usamos en nuestras relaciones.

EJERCICIO: Los cuentos que escuché de pequeño

Recuerda algún cuento que te narrara tu padre o tu madre y piensa qué mensaje acerca de la vida transmite esa narración.

Lo narrativo nos ayuda a nadar por las aguas vivenciales y a configurar nuestro diálogo interno. Necesitamos explicarnos y contarnos quiénes somos, qué nos sucede, y dar un sentido a nuestra experiencia a través de la palabra. Por eso nos pasamos el día hablando con nosotros mismos.

Otra vertiente del lenguaje es que es contacto. Es una caricia. La manera como nos hablaron influye en cómo nos hablamos; merecemos hacerlo de un modo amable. Todos los niños merecen que se les hable bien, desde lo tierno y también desde lo firme, que sería un punto medio entre lo duro y lo blando.

Como decía Hölderlin: «El lenguaje es el bien más precioso y a la vez el más peligroso que se ha dado al hombre».

EJERCICIO: Regreso al pasado

Cierra los ojos, respira de forma suave y acaríciate o date energía con las manos; prepara tu organismo para hacer un viaje por el tiempo.

Visualiza que, a través de un túnel del tiempo, llegas a la casa donde vivías cuando tenías siete años.

Piensa y responde:

- ¿Cómo te habla tu padre?
- ¿Cómo te habla tu madre?
- ¿Qué volumen usan?
- ¿Qué percibes en su tono?
- ¿Cómo te afecta su forma de hablarte?

Por ejemplo: «Mi padre me hablaba con respeto, aunque en su tono percibía que estaba muy cansado de mí y pendiente de otras cosas; mi madre me hablaba poco y con desgana, percibía su depresión en silencio».

En definitiva, el niño necesita de un mínimo relato que dé sentido a su vivir y de un hablar amoroso. Necesita de un lenguaje en el que pueda apoyarse y reconocerse en el océano de la experiencia. Buscamos crear con él una embarcación firme para que pueda navegar por los mares de la vida.

Todos hemos necesitado de un narrador que nos introdujera en el devenir del vivir y que nos presentara al mundo.

La autorregulación

En palabras de Hendrik Vaneeckhaute: «Una posible definición de la autorregulación podría ser la capacidad de todos los seres vivos de regular espontáneamente las propias funciones vitales, de contactar con las necesidades básicas y de buscar su satisfacción».

La mayor conquista de una crianza es que el niño sepa autorregularse, es decir, que conquiste su autorregulación a medida que crece.

En realidad, nacemos con una capacidad innata de autorregulación. El organismo nace con una sabiduría organísmica que le permite detectar y registrar qué necesita para poder satisfacerse y equilibrarse, para mantener su salud psicológica y emocional y desarrollarse: la autorregulación nos permite tolerar, metabolizar y sostener lo agradable, lo desagradable y lo neutro del vivir. Es intrínseca a nuestra naturaleza humana.

Es una capacidad en potencia, pero necesita de un cuidador primario que la nutra y consolide, y no la interfiera desconectando al niño de su mundo interior. Entonces, el organismo, de manera natural, buscará atender sus necesidades y vivir en equilibrio si el sistema nervioso no está ni poco ni demasiado estimulado.

Si la autorregulación no se conquistó en la niñez, el adulto desregulado se verá casi obligado a realizar un trabajo de autoconocimiento para reconectarse con ella y alcanzar su felicidad y para relacionarse desde su experiencia y sus necesidades, o será una persona que no se atiende a sí misma y estará más expuesta a naufragios vitales.

Gradualmente, el niño registra lo que se siente al satisfacer sus necesidades, y la satisfacción de darse calma cuando está nervioso. Pero si esta capacidad no se atiende, queda inactiva y el futuro adulto no atiende su angustia de un modo saludable.

Esta capacidad involucra distintos aspectos del desarrollo social, emocional y cognitivo; implica distintos procesos:

- Saber enfocar y controlar los impulsos. Cuanto más pronto pueda un niño autorregularse, más pronto estará preparado para la escuela u otros contextos humanos, donde el éxito académico y social requiere competencias, como permanecer quieto durante las clases, saber compartir espacios, llevarse bien con los demás, aceptar un no, etcétera. Los niños que no aprenden a autorregularse por lo general tienen más dificultad en la transición a la escuela.
- Autocalmarse. El ser atendido y el autoatenderse dotan al niño del aprendizaje de formas para calmarse por sí solo cuando está nervioso, «quizá beber un poco de agua te ayude». Es importante dar herramientas concretas y accesibles.
- Identificar y modular las propias emociones. Es clave para los padres y los proveedores de cuidado ayudar a los niños a identificar, expresar y nombrar emociones, ofreciéndoles distintos modelos de cómo se pueden gestionar.
- Sostener la espera y la impaciencia. Esto implica haber asimilado límites, para poder ser uno mismo quien se los establezca, postergue recompensas y modere expectativas.
- Atender y accionar necesidades corporales, como dormir, comer, moverse, aquietarse, etcétera.
- Controlar los propios impulsos, darse tiempo para reflexionar antes de realizar según qué acciones.
- Tolerar la frustración. Saber posponer el placer inmediato o ser capaz de retrasar la gratificación.
- Escuchar el cuerpo y respetar la propia sensibilidad corporal y emocional (cuidado del cuerpo y de la propia vulnerabilidad).
- Saber gestionar el propio estrés de un modo amable. El estrés es una respuesta natural del ser humano, que no debe ser vivida como amenazante o desestructuradora, ni hay que pelearse con él. Pide ser atendido y gestionado.
- Escuchar el ritmo interno y ajustarse sanamente con el ritmo externo. Saber darse espacios de intimidad y de pausa en relación con la presión externa y diferenciar el ritmo propio del ritmo externo.
- Percibir en menor medida lo problemático o lo dramático en pos de una mayor orientación hacia la solución y el optimismo junto a una mayor capacidad de relativización y resolución.

Un niño autorregulado habita mayormente en el centro de sí mismo; no se pierde en su mundo interno y no es sobreinfluenciado por el externo (personas, situaciones o contextos); se acompaña a sí mismo; busca mantenerse en equilibrio; su sistema nervioso no cae en sobreactivación o hipoactivación, va realizando ajustes reguladores.

EJERCICIO: Reconocimiento de nuestro sistema nervioso

Con los ojos cerrados visualiza y déjate sentir la energía de dos o tres personas a las que suelas ver y que te movilizan de un modo agradable y desagradable. Entra en tu interioridad, en una calma interna, luego evócalas una a una, y experimenta cómo te afectan a nivel de sistema nervioso, cómo te afectan en el nivel de tensión y la distensión nerviosa.

Si eres padre o madre, cuando estés con tu hijo pon atención a cómo tus intervenciones hipoestimulan o hiperestimulan su sistema nervioso y si el tuyo está hiper o hipoestimulado en el momento de la intervención. Puedes visualizar un velocímetro, un electrocardiograma, un termómetro, un termostato o cualquier imagen metafórica que te facilite atender el nivel en el que se encuentran tu sistema nervioso y el de tu hijo.

Trabaja con ambos, y parte desde el tuyo a la hora de intervenir.

MODOS DE GUIAR AL NIÑO

No se trata de abandonar a los niños a su sabiduría natural o de dejar que hagan lo que les dé la gana.

¿En qué consiste el proceso?

Al principio, la cría humana necesita que sea el adulto quien le cubra las necesidades materiales (agua, calor, higiene, etcétera) y las necesidades emocionales (caricias, sentirse visto y respetado, calma, y demás). Gradualmente, el niño debe aprender a autoabastecerse para mantener su equilibrio interno.

El adulto le ayuda a reconocer qué es bueno o malo para su sistema nervioso y para ello será necesario ofrecerle experiencias de apoyo y también de frustración, y darle asistencia en ellas. Una buena asistencia incluye apoyo y confrontación, discriminando cuándo le sienta bien ser apoyado o ser frustrado.

La misión es favorecer unas condiciones que activen y desarrollen su autorregulación, su inteligencia orgánica.

Para que confíe sin fisuras en él mismo, que se abra a lo experiencial, necesita de un adulto que le diga sí a lo que vive, que valide y atienda su experiencia: «Está claro que estás enojada, a ver cómo lo hacemos para pasar un buen rato en la fiesta». Y no una actitud negadora de la experiencia: «No pasa nada», «No estás enojado, te lo estás pasando muy bien en la piscina», «No te enojes, vinimos a pasarla bien».

De este modo se propicia la creación de circuitos neuronales que se asocian e implementan en el sistema nervioso del niño, y que se activarán cuando sea preciso. Incorporamos lo que percibimos, lo imitamos y lo creamos.

Se trata, pues, de guiarlos a detectar sus necesidades y orientarlos en las distintas maneras de gestionarlas: «Si estás cansado, acuéstate un poco con papá», «Si estás enojado, quizá te haga bien un abrazo».

Es una guía material y afectiva que le permite al pequeño conectar con su homeostasis (el restablecimiento de su equilibrio interno cada vez que es alterado), para así recuperar su estado de bienestar: si tiene sed, bebe, y si está nervioso, busca autocalmarse en vez de pelearse con los demás.

La asistencia externa lo llevará de forma natural a la configuración de una autoasistencia interna. Y como apunta Maria Montessori, «el instinto más grande de los niños es precisamente liberarse del adulto».

CÓMO DEBEN ACTUAR UN PADRE, UNA MADRE U OTRO CUIDADOR

Estos son algunos factores que ayudan a configurar una autorregulación sana en el niño:

- Adaptarse al temperamento del niño y responder a sus necesidades. La empatía es crucial, afecta directamente a la forma de aprendizaje de la autorregulación.

- Usar el lenguaje (especialmente el emocional), ya que ayuda a desarrollar la autorregulación y sienta las bases para el aprendizaje futuro del niño. Aportar un vocabulario emocional, nombrar las emociones usando palabras como feliz, triste, avergonzado y satisfecho para describir cómo se siente. Ofrecer un mapa de lo emocional, ya que las palabras ubican nuestra experiencia.

- Proporcionar estructura y predictibilidad, es decir, anticipar las transiciones y anunciar por anticipado los cambios de contexto: «En cinco minutos nos vamos a casa», evitar cortar el fluir experiencial.

- Mostrar un modelo de gestión de las emociones, ya que el niño necesita un adulto contenedor que sienta y gestione lo que siente de un modo ecológico. Hay que usar palabras sentidas, no hablar por hablar, y hacer lo que se predica, practicar y modelar la coherencia.

- Equilibrar la contención y la expresión, porque el niño también tiene que aprender a esperar o a callar y desarrollar la capacidad reflexiva.

- Modelar el autocontrol y la templanza en nuestras palabras y acciones cuando el niño sienta frustración, molestia o angustia.

- Hablar en positivo y ofrecer alternativas. La experiencia no sabe nada de la negación o de la carencia; la experiencia es, no puede no ser. Encontrar maneras de afirmar antes que negar («¿puedes hablar más bajo?» en lugar de «¡no llores!» o «camina conmigo», en lugar de «no corras»); decirles lo que es, no lo que debería ser.

- Ofrecer oportunidades para la creatividad y el juego, espacios para jugar, ya que los niños aprenden a través del juego, y la vida debe ser un juego.

- Anticipar lo difícil y redirigirlo: «Ya sé que no quieres que me vaya, pero tengo que irme a trabajar».

- Aportar confianza en lo espontáneo y dejar aparte nuestras angustias. Aprender a regular sus procesos espontáneos implica confiar en estos; estar tristes no es ni bueno ni malo, solo es cuestión de atender esa tristeza, y al atenderla, ya se calmará. Dar espacio disuelve, no hacerlo acumula restos de experiencia.

- Ponerse a la altura física del niño, pues esta igualdad crea seguridad y establece una comunicación de dignidad esencial. La experiencia orgánica es más suave. Es un acto de cuidado y respeto a la experiencia infantil y facilita un contacto ocular verdadero.

- Escuchar con curiosidad y ganas. Sentirnos escuchados y comprendidos es una necesidad que todos tenemos. El niño percibe el esfuerzo empático del adulto, vive así la sensación de sentirse merecedor de estima, atención y cuidado. Esta vivencia de merecimiento es un tesoro que es importante nutrir a lo largo de su vida. Así los pequeños aprenden a discernir lo que se merecen de lo que no se merecen, y a no aceptar lo inaceptable o aquello que agrede su dignidad. Si el adulto no está disponible, puede mostrar su no disponibilidad: «Disculpa, es que ahora no estoy disponible para darte la atención que te mereces, dame cinco minutos».

- Usar un tono emocional amoroso y claro. Se trata de imaginar que nuestro hijo posee un cuerpo de agua y que nuestra voz influirá en el movimiento de sus células, en su unión o en su fragmentación.

- Darles tiempo y respetar su ritmo. Los empujones anímicos no respetan el ritmo infantil y darles tiempo permite que su *software* encuentre por sí mismo una forma de autorregularse.

Así se facilita que el niño aprenda a vivir desde dentro, en conexión consigo mismo, en lugar de hacerlo desde fuera, como sucede en la obediencia a la obligación social o en la preocupación por la autoimagen; y podrá atreverse a decir sí o no, teniendo en cuenta el ambiente humano y físico.

A la larga, estos movimientos de cuidado le hacen bien al futuro adulto. Precisamente, los adultos que van a terapia buscan aprender a autorregularse y reconectar de nuevo con su inteligencia orgánica.

Por lo general, los niños que no aprenden a autorregularse tienen más dificultad en la transición a la escuela o en otros cambios de escenario social. Estar listo para la escuela no es solo saber las letras, los colores y los números, es también tener la habilidad de permanecer quieto, de gestionar el propio nerviosismo, de tolerar la frustración, la postergación del deseo, llevarse bien o tolerar a los demás, e implica la adquisición de habilidades relacionales. Los estudios demuestran que los niños que saben autorregularse tienen un mayor éxito académico, mejor salud física y emocional, hacen un mejor *casting* en sus relaciones y las disfrutan más, y son menos propensos a sufrir adicciones u otros procesos autodestructivos en su vida adulta. Se convierten en adultos conectados a su voz interior, se escuchan y se atienden.

Igual que es necesario cuidar de la tierra para que nos dé frutos, la autorregulación es un destino final en el desarrollo de los niños y un proceso constante que nutrir. Una fuente de aprendizaje clave son los contextos escolares y la imitación de los modelos adultos en sus vidas. Por eso, el trabajo de conciencia de los padres suele repercutir en una mayor capacidad de autorregulación de sus hijos.

Según Maria Montessori: «El niño guiado por un maestro interior trabaja infatigablemente con alegría para construir al hombre. Nosotros, educadores, solo podemos ayudar. Así daremos testimonio del nacimiento del hombre nuevo».

EJERCICIO: Cuidar los campos de cultivo

Cierra los ojos, respira y conecta con tu cuerpo.

Visualiza un campo de cultivo delante de ti y observa qué color tiene, qué dimensiones, si está limpio o sucio...

Date un tiempo para captar esta información y, a continuación, responde:

- ¿Qué estás cultivando en tu vida?
- ¿Necesitas cortar malas hierbas o plantar nuevos frutos?
- ¿Qué te falta y que te sobra?
- ¿Qué agua o abonos necesitas? Respira la información que surja.
- Si tienes hijos, realiza esta visualización para identificar qué estás cultivando en ellos.

Ten en cuenta estas afirmaciones referidas a la crianza, pues son una invocación a la responsabilidad:

- La crianza pide/exige grandes dosis de paciencia, sentido común y responsabilidad.
- Implica un trabajo de conciencia, una disponibilidad y un esfuerzo que no siempre es agradable.
- Pide un alto grado de disponibilidad se esté como se esté.

Ser padre es ser consciente de que uno es una persona; se trata de ser persona y que su función principal como padre (o madre) es facilitar el desarrollo de otras personas. Una crianza consciente tiene su recompensa.

Implica tomar seriamente el oficio de acompañante de una vida en desarrollo: el arte de la crianza es el arte de acompañar, como educador, orientador, apoyo, consejero, vigilante. Permite crecer en distintas áreas existenciales.

Un aspecto muy importante del arte del acompañamiento es proveer al niño de una serie de separaciones emocionales que le permitan conquistar su autonomía, un autoapoyo sano que le permita gestionar de forma autónoma lo fácil y lo difícil que aparece en el devenir del vivir. La separación de la figura de apego debe proporcionar y ser vivida con una sensación de progreso, no de abandono.

Así, el aprendizaje será mutuo; permite crecer al niño y desarrollarnos como adultos. Como dice Claudio Naranjo: «Proponerse el amor como una obligación no funciona, pero proponerse tener un corazón más grande sí». Es un máster muy completo de emociones, de acompañamiento, de sanación de traumas, de humildad, de desprenderse del pasado... Tiene muchas asignaturas vitales de primer orden.

El escribir durante el proceso ayuda. Cuando mi hijo tenía un año, escribí estas líneas:

El hijo pequeño, con su ternura y espontaneidad, rompía el corazón del padre hasta que este se dio cuenta de que no le estaban rompiendo el corazón, se lo estaban abriendo.

En conclusión, asumir la condición paterna o materna es una experiencia intensa, pide traspasar el narcisismo, es un acto de entrega a un otro que no soy yo.

Pasamos de ser solo hijos a ser padres e hijos. Es un golpe de Estado para nuestro ego habitual.

El orden familiar cambia y se actualiza: debemos priorizar nuestra condición de padres y madres, por el bien del recién llegado y por nuestra salud mental. La familia de origen deja paso a la actual.

Ya no somos hijos de, mayormente somos padres y responsables de. Pasamos de tener tiempo y espacio para nosotros a tener que dárselo al pequeño que depende de nosotros. Pide ingentes cantidades de responsabilidad, paciencia, contención de impulsos, amabilidad, renuncia.

Todo ello implica un duelo, pues se pierden o se sueltan formas de vida anteriores, espacios sociales o de ocio, relaciones, amistades, hábitos. Y este fulminante cambio paradójicamente es acompañado y compensado por momentos maravillosos, de una vivencia de éxtasis amorosa y de plenitud quizá nunca antes conocida. Es un cambio, es abrupto y los dos primeros años suelen ser bastante difíciles, hasta que los adultos metabolizan su cambio de vida y fortalecen su autoapoyo como padres.

Es un trabajo personal, de conciencia y de autocontención.

No toda persona está dispuesta a vivir este proceso de transformación, y algunas se aferran a lo antiguo: «A mí el tenis no me lo quita nadie, que se adapte el niño a mis horarios», «Mis rutinas de la mañana son sagradas».

El adulto debe tomar la decisión diaria de comprometerse o no con el desarrollo de su hijo.

PARA TU REFLEXIÓN

> Se buscan hombres para un viaje peligroso. Sueldo bajo. Frío extremo. Largos meses de completa oscuridad. Peligro constante. No se asegura retorno con vida. Honor y reconocimiento en caso de éxito.
>
> ERNEST SHACKLETON

SER UN CUIDADOR SUFICIENTEMENTE BUENO

La de cuidador es la función clave del padre o la madre. Y como sociedad debemos cuidar el cuidado, y cuidar a los cuidadores.

La madre «suficientemente buena» de Winnicott es aquella que está atenta a saber responder con acciones a lo que el bebé necesita según su tempo madurativo.

Esta madre está altamente presente, deja de lado sus deseos y está disponible para el otro en un acto de servicio y amor a la díada cuidador-niño.

No es posible ser un padre o madre perfectos, pero sí suficientemente buenos. Se trata de poner atención e intención en cómo nos relacionamos con el pequeño, qué le proponemos y en cómo él vive lo que le ofrecemos.

Mayormente, los padres tienen las mejores intenciones y los mejores deseos, sin embargo, vivimos en el estrés, cargados de agendas, presiones, problemas económicos, familias de origen disfuncional y modelos de educación desfasados. Y como ya hemos abordado, nuestra mente está teñida por traumas personales y sistémicos aún por disolver.

No saber es un derecho, no nacemos sabiendo ser padres, se aprende con actitud, intención, amor, y también con un asesoramiento, sea este de un terapeuta, de un orientador pedagógico, de una escuela de educación viva o de un grupo de padres, entre otros. Se trata de reflexionar juntos posibles vías de actuación y de no juzgar a nadie; partimos de lo poco, mucho o bastante que sabemos y hemos heredado, y desde esta línea validadora podemos aprender y crecer juntos. Hacemos lo que podemos.

Los padres también necesitan de un acompañante, que cumpla una función orientadora y nutricia. Igual que el niño, también tienen el derecho de ser acompañados en la aventura de la crianza. Se trata de enriquecer nuestra experiencia y la de nuestro hijo/a, sin culpas, remordimientos o reproches. Y con un mínimo de ilusión vital.

La función pedagógica de distintos profesionales tranquiliza los miedos de los padres, esto les facilita gestionarlos. El hecho de dar información de lo que le ocurre a cada niño en distintas etapas del desarrollo aporta criterio y salud familiar: «Tu hijo va a estar unas semanas explorando el decir no, no te lo tomes de forma personal, es su modo de autoafirmarse».

Se trata también de confiar en los padres igual que estos deben confiar en sus hijos, apoyándonos en la confianza mutua como fundamento esencial de un buen vivir y de una sana convivencia.

Es necesario recuperar la confianza en los padres y en los educadores.

Los buenos padres son aquellos que dan lo mejor de sí, que se dan cuenta mínimamente de cómo y cuándo se equivocan; entonces reflexionan, rectifican y ya está, por la siguiente situación, hay que jugar el próximo partido. Habrá muchos, fáciles y difíciles, placenteros y angustiosos. Tienen claro que son alumnos de la vida y del ancestral vínculo niño-adulto.

Como señaló Carles Capdevila, las familias necesitan volver a la alegría, ya sea desde el humor sano o desde la desdramatización. Es necesario reírse, divertirse, jugar, desdramatizar, relativizar lo difícil, para entrar en lo fácil y en la felicidad. La alegría es una buena gasolina para una crianza consciente.

Winnicott afirmó la posibilidad de que la persona es menos importante que la función; la madre biológica puede ser reemplazada por un cuidador, lo importante es la función que hay que cumplir, la de cuidar.

Nuestra energía es limitada. La paternidad requiere dosificar tiempos, espacios y ritmos dentro del contacto-retirada con el niño.

Este autocuidado o el autoabandono se transmiten al niño, y el niño aprende de ellos. Encontrar este punto medio requiere observación. Se trata de poner atención en cuidar la propia interioridad y la del niño: «Este fin de semana estuve mucho con mi hijo; necesito estar conmigo unas horas».

«Nuestra recompensa se encuentra en el esfuerzo y no en el resultado. Un esfuerzo total conduce a una victoria completa», afirmaba Gandhi.

EJERCICIO: La flexibilidad de nuestros padres

Recuerda dos momentos de tu vida en los que tu padre se disculpó, te pidió perdón o rectificó una conducta que había tenido contigo.

Recuerda dos momentos de tu vida en las que tu madre se disculpó, te pidió perdón o rectificó una conducta que había tenido contigo.

Date un tiempo para conectar con estos momentos y, después, responde:

- ¿Cómo te sientes al revivir estos hechos de vida?
- ¿Te fue posible, fácil o difícil encontrar estos hechos?
- ¿Cómo vives que te haya sido imposible, fácil o difícil hacerlo?
- ¿Cómo es en tu vida el disculparse, pedir perdón o el rectificar?

EJERCICIO: Contacta con tu madre

En posición acostada, suspira un poco y lentamente usa tu respiración para relajarte, siente el apoyo del suelo, vas a realizar un pequeño viaje.

Imagina que estás encima de una alfombra mágica, que te lleva a la habitación de tu infancia, la de tu niño de siete u ocho años. Aún es de día, es un domingo por la tarde.

Sales de la habitación y vas a ver a tus padres. Miras a tu madre. Piensa y responde:

- ¿Qué ves en sus ojos?
- ¿Qué emoción reconoces en sus ojos? ¿Alegría, tristeza, miedo o enojo?
- ¿Cómo percibes su energía y su vitalidad? ¿Está cansada o fuerte?
- ¿La ves feliz?
- ¿Sientes que alguien la ayuda a educarte? ¿Se siente ayudada por alguien o se siente sola?

Ahora vuelve a tu habitación, a esta alfombra mágica que te retornará al presente. Pon una mano en tu corazón antes de abrir los ojos y retomar tu vida presente.

Debes cuidar tu sensibilidad en este tipo de experiencias, ya que puede conmover y tocar tu alma infantil, de forma sutil u obvia.

Otro día quizá puedas ir a visitar a tu padre.

CRIAR DESDE EL AMOR Y LA BONDAD

Es necesario crecer como personas para ayudar a crecer a nuestros hijos.

Este crecimiento implica creer en los niños y en nosotros mismos para facilitar su crecimiento y el nuestro. Creer es crear una posibilidad. Y criar es crear.

Criar desde el amor a un ser que se desarrolla le facilita poder expandirse y estar abierto a nivel de corazón, cuerpo y mente. Implica entrar en lo amoroso, en una mirada amorosa hacia uno mismo y hacia el niño en desarrollo. El amor es una experiencia facilitadora de bienes, creatividad y recursos.

Ser padre es ser un acompañante responsable, amoroso y presente en el día a día de nuestro hijo/a. Conectar con nuestra ternura nos facilita transitar lo difícil de la crianza. Y así podemos extraer lo mejor de nuestros hijos y de nosotros mismos.

Por consiguiente, la sociedad debe trabajar con los padres, con sus angustias y necesidades, para poder canalizar sus potencias y limitaciones en pos de un mundo mejor. La crianza es un asunto social y debe ser tratada como tal.

Para ello, retornar la confianza a los padres es empoderarnos como sociedad y otorgarnos nuestra capacidad y responsabilidad. Te costará más o menos, pero ser un buen padre es posible y accesible. Se trata de despertar recursos personales y de reciclar los antiguos.

En esta línea es necesario que retornemos a la bondad sin caer en lo naíf, así como consolidar una ética del cuidado que cuida tanto a los cuidadores como a los cuidados, a todos los participantes de la crianza. El niño es bueno *per se*. Un niño que no sabe gestionar su energía puede parecer malo, tiene que aprender a modularla, tiene el derecho de aprender y a ser ayudado. Es imprescindible cuidar la autoestima de todos, padres, educadores y niños. La autoestima es un punto de apoyo esencial para caminar por la vida desde el respeto hacia la autenticidad y lo nutricio.

Debemos aprovechar las oportunidades y los espacios educativos. Tenemos que construir entre todos una educación preventiva; pasan muchos años hasta que una persona cae en el lado oscuro. La prevención es posible y puede evitar muchas adicciones, enfermedades mentales, delitos.

En este sentido, insisto: la responsabilidad es el valor primero y último de la crianza. El adulto es responsable del niño. Punto. Somos responsables de atender sus derechos y necesidades. Es responsabilidad de todos. Una responsabilidad amorosa y bondadosa, la necesitamos como especie humana. Nos jugamos el mundo porque los niños son el futuro del mundo, y siempre lo serán.

EJERCICIO: Habla el corazón

Busca tres fotos, una de tu madre, otra de tu padre y una de tu niño.

Pon una mano en tu corazón.

Empieza por uno de tus padres. Escucha tu interior para ver con qué padre quieres empezar.

Mirando la fotografía y sintiéndola, pronuncia las siguientes frases: «Te siento, te veo y te reconozco».

Déjate sentir el amor de tu madre y por tu madre, más allá de todo lo duro o lo tierno que recuerdes. La amaste desde lo más profundo de tu ser, y es tan cierto que la amaste siendo niño como que ella te hirió siendo tú niño, y que solo tú puedes sanar tus heridas infantiles.

Según cómo te sientas, experimenta con las otras fotos o hazlo en días distintos.

Cuida tu sensibilidad.

CONCLUSIÓN

Como decía al inicio, nuestro niño interior nos está esperando, y levantará las manos en señal de victoria e integrará nuestro pasado para ser la mejor versión de nosotros mismos. Para que te lleves tu luz y disuelvas tus zonas oscuras para siempre.

Visualízate en un bosque, a unos siete metros de ti hay una cueva, de ella sale tu niño corriendo, tómalo en tus brazos, abrázalo y prométele que lo cuidarás toda tu vida. Cuéntale al oído que la guerra terminó y que la ganaron. Te felicito de todo corazón.

Esta es la victoria que debes buscar y encontrar en tu interior.

Decimos a veces que los niños son el futuro de la humanidad. Nosotros pensamos que no es así, que el futuro de la humanidad somos las personas adultas.

Es con las personas adultas con quienes conviven que los niños, las niñas y los jóvenes se van transformando en la convivencia. Esta es nuestra gran responsabilidad. Las personas adultas, ahora, con lo que hacemos, con lo que escogemos, con lo que pensamos, somos el futuro de la humanidad.

HUMBERTO MATURANA

Aprende a cuidar de tu niño interior ha sido posible gracias
al trabajo de su autor, Jordi Gil Martín,
así como de la correctora Laura Vaqué, el diseñador José
Ruiz-Zarco Ramos, el equipo de Realización Planeta,
la directora editorial Marcela Serras,
la editora ejecutiva Rocío Carmona, la editora
Ana Marhuenda, y el equipo comercial,
de comunicación y marketing de Diana.

En Diana hacemos libros que fomentan el
autoconocimiento e inspiran a los lectores en su propósito
de vida. Si esta lectura te ha gustado, te invitamos a que la
recomiendes y que así, entre todos, contribuyamos a seguir
expandiendo la conciencia.